大数据实践

赋能数字中国建设

朱晨鸣 周 斌 徐啸峰 张家健 徐元晓◎编著

人民邮电出版社

北 京

图书在版编目（CIP）数据

大数据实践 ：赋能数字中国建设 / 朱晨鸣等编著
. -- 北京 ：人民邮电出版社，2023.10
ISBN 978-7-115-62575-5

Ⅰ．①大… Ⅱ．①朱… Ⅲ．①信息经济－经济发展－
研究－中国 Ⅳ．①F492

中国国家版本馆CIP数据核字(2023)第163479号

内 容 提 要

　　本书聚焦数字中国建设过程中大数据的形成和开发实践，在数据产生过程中明确了数据标准和数据基础结构；在数据交换过程中定义了数据交换的规则；在数据治理过程中详细描述了数据治理的方法论和工具；在数据应用上具体描述了不同职能部门的业务指标，为指挥调度、相关决策提供数据分析结果。本书对专业知识融会归纳，有的放矢，以大数据在数字中国建设实践的视角给予读者全面、详细的开发指导。本书可用于大数据工程师、数字中国信息化建设者的学习和工作指导，也可供大数据项目承接单位相关人员阅读。

◆ 编　　著　朱晨鸣　周　斌　徐啸峰　张家健　徐元晓
　　责任编辑　张　迪
　　责任印制　马振武
◆ 人民邮电出版社出版发行　　北京市丰台区成寿寺路 11 号
　　邮编　100164　　电子邮件　315@ptpress.com.cn
　　网址　https://www.ptpress.com.cn
　　固安县铭成印刷有限公司印刷
◆ 开本：800×1000　1/16
　　印张：10.25　　　　　　　　　2023 年 10 月第 1 版
　　字数：195 千字　　　　　　　2023 年 10 月河北第 1 次印刷

定价：89.90 元

读者服务热线：(010)81055493　印装质量热线：(010)81055316
反盗版热线：(010)81055315
广告经营许可证：京东市监广登字 20170147 号

在当代社会中，信息化和数字化已经深入各个领域，成为推动社会发展和创新的重要力量。以习近平总书记为核心的党中央高度重视信息化发展，并提出了建设数字中国的战略决策。数字中国作为新时代国家信息化发展的新战略，将信息化与现代化深度融合，涵盖了经济、政治、文化、社会、生态等众多领域，旨在满足人民日益增长的美好生活需要，推动经济高质量发展。

在数字中国建设的浪潮中，大数据工程以其庞大的数据规模和丰富的信息资源成为关键要素之一。作为软件工程领域最重要且近几年最火热的学科之一，大数据工程在数字中国建设的信息化项目中发挥着至关重要的作用。同时，大数据工程也拥有庞大的产业链，包含了大数据建设标准、大数据基础工具、大数据应用场景、大数据安全和大数据运营等多个方面。

大数据工程的核心工作是通过收集各部门业务系统、互联网和终端设备的数据，形成庞大的数据湖。通过数据治理手段将这些数据整理成专题库和指标体系，最终赋能业务，为相关决策提供强有力的数据支持。在实际的数字中国信息化建设中，我们面临一些挑战和问题，缺乏以业务为目的的整合性业务系统，导致"数据孤岛""信息孤岛"出现。同时，我们对数据标准和数据规范的建设认识不足，在后期的数据共享和治理过程中遇到了许多困难。

为了应对这些挑战和问题，《大数据实践：赋能数字中国建设》一书应运而生。本书以大数据工程实践的视角出发，以理论与实践相结合的方式深入浅出地梳理了在不同职能部门的信息化建设过程中大数据工程的建设目的、效果和成果。在本书中，我们将大数据项目划分为数据采集、数据治理、共享交换和赋能业务等环节，并以标准流程的方式介绍了每个阶段的实施过程和方法，明确了实现成果和标准。

　　本书旨在为大数据工程师和数字中国信息化建设者提供全面的大数据知识和实践指导，不仅介绍了大数据的基础知识和数字中国建设的内容，还根据实际工作经验和最新的国家标准及行业标准，详细介绍了大数据项目的各个环节和关键技术要求。本书通过将专业知识融会贯通，为读者提供了有针对性的开发指南，帮助读者快速掌握大数据工程的关键技术要求和输出成果要求。

　　本书的学术价值不仅在于推动大数据工程的学术研究和发展，更在于为数字中国建设提供了实用的参考和指导。通过合理的信息化布局和顶层设计，大数据工程将为数字中国的发展提供强有力的支撑，推动各领域的发展，实现人民美好生活的愿景。

　　综上所述，本书力图以大数据工程实践为视角，深入浅出地介绍数字中国建设中大数据工程的关键技术要求和实施指南，为实现数字化的战略目标贡献力量。

CONTENTS 目录

第二篇　大数据应用实践

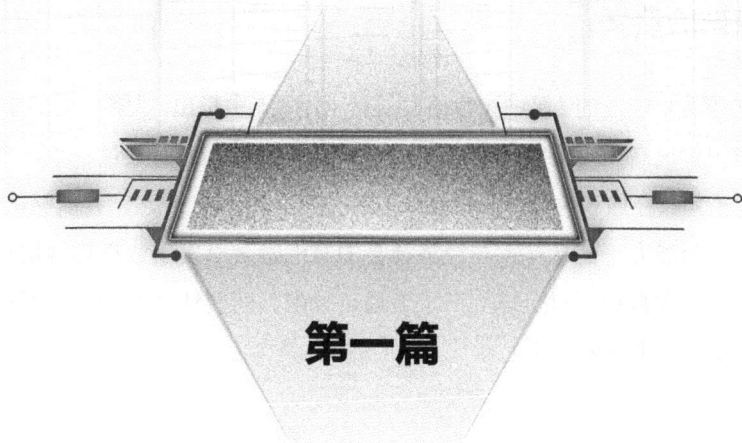

第一篇

大数据开发实战

第1章 发展大趋势

1.1 大数据概述

1.1.1 大数据的定义

2015年，在国务院印发的《促进大数据发展行动纲要》中指出，大数据是以容量大、类型多、存取速度快、应用价值高为主要特征的数据集合，正快速发展为对数量巨大、来源分散、格式多样的数据进行采集、存储和关联分析的新一代信息技术和服务业态，并能够从中发现新知识、创造新价值、提升新能力。信息技术与经济社会的交汇融合引发了数据迅猛增长，数据成为国家基础性战略资源，大数据正对全球生产、流通、分配、消费活动及经济运行机制、社会生活方式和国家治理能力产生重要影响。

1.1.2 大数据的特点

大数据具有4个基本特征，可以概括总结为"4V"（Volume、Variety、Velocity、Value）。

1. 数据规模大（Volume）

随着互联网、物联网、移动互联技术的发展，人和事物的所有轨迹都可以被记录下来，数据呈爆发式增长。根据百度数据可知，百度新主页的导航每天需要提供超过1.5PB（1PB=1024TB）的数据。如果将这些数据打印出来，5000亿张A4纸都不够用。

2. 数据类型多（Variety）

大数据按照类型可以大概分为3类：一是结构化数据，例如财务系统数据、信息管理系统数据、医疗系统数据等，其特点是数据间因果关系强；二是非结构化数据，例如视频、图片、音频等，其特点是数据间没有因果关系；三是半结构化数据，例如 HTML[1] 文档、邮件、网页等，其特点是数据间的因果关系弱。

3. 处理速度快（Velocity）

数据的增长速度和处理速度是大数据速度快的重要体现。与以往的报纸、书信等传统数据载体的生产和传播方式不同，在大数据时代，大数据的交换和传播主要是通过互联网和云计算等方式实现的，其生产数据和传播数据的速度是非常快的。另外，大数据时代还要求处理数据的响应速度快，例如，上亿条数据的分析要在几秒内完成。数据的输入、处理与丢弃必须立刻见效，几乎无时延。

4. 数据价值化（Value）

大数据的核心特征是价值，其实价值密度的高低和数据总量的大小是成反比的：数据价值密度越高，数据总量越小；数据价值密度越低，数据总量越大。任何有价值信息的提取依托的是海量的基础数据。目前，大数据背景下有一个未解决的问题，即如何通过强大的机器学习算法更迅速地在海量数据中完成数据的价值提取。

1.1.3　大数据发展引擎

在大数据时代，数据源成为大数据产业发展进步的"发动机"，是使产业具有竞争力的核心力量。大数据公司的市场地位由数据源的持有能力与开发应用能力所确立。以腾讯、百度和阿里巴巴为代表的互联网企业，将积累的复杂数据、搜索数据和电子商务数据等依次转化为大数据时代的宝贵储藏资源。在电信行业，中国移动、中国联通和中国电信的通信数据成为推动其向电信运营新业务形式转型的积极力量。不难看出，不同类型数据源的挖掘深度和挖掘程度是判断大数据产业增长速度的重要角度。数据来源决定了工业发展的活动指数，争夺数据源和建立优势将具有行业核心竞争力。2023 年 4 月 20 日，赛迪顾问发布的《中国数据安全防护与治理市场研究报告（2023）》显示，我国的数据量在 2017 年到 2021 年，从 2.3ZB（十万亿亿字节）增长到 6.6ZB，预计在 2026 年达到 23.5ZB，将位居全球第一，且未来依然呈爆发式增长。

---

1. HTML（Hypertext Markup Language，超文本标记语言）。

在我国数据总量赶超世界领先国家的过程中，数据源正在引领行业的市场"再分配"。在未来的竞争中，拥有更多数量和类型数据源的公司将拥有更多的发展机会和空间。业界越来越明确的共识是，数据就是资产。大数据公司拥有更多的无形资产。当风险投资判断哪些大数据公司更有发展潜力时，数据来源往往是一个重要标准。

通过研究异构和多元数据之间的关联，依靠强大的挖掘和分析技术，形成解决问题的大数据应用产品。要想在行业大数据应用产品的竞争中获胜，根本的因素是掌握数据源，否则，无论技术和逻辑建设能力多么强大，都将是"无源水"和"无根木"，失去开发应用产品的基础。

在大数据时代，数据源是促进大数据产业发展的"发动机"，是产业竞争力的核心力量。数据源的持有能力和开发应用能力将主导大数据公司的市场地位。

1.1.4　大数据作用

虽然大数据是在信息通信技术中所衍生的，但它对社会、经济和生活的影响并不仅仅存在于技术层面。更重要的是，大数据提供了看待世界的新角度，即决策行为更加依赖数据分析，而不是像过去基于经验和直觉。具体来说，大数据具有以下 4 个功能。

第一，大数据的处理和分析方式逐渐成为信息技术融合应用的新方式。移动互联网、物联网、社交网络、数字家庭和电子商务是信息技术新应用的形式，并继续产生大量数据。云计算为多种多样的数据提供了存储和计算的机会。通过对不同来源的数据进行管理、处理、分析和优化，将结果反馈给上述应用，创造出巨大的经济价值和社会价值。

第二，信息产业的快速增长离不开大数据。新技术、新产品、新服务和新业务模式将不断在大数据市场涌现。在硬件和集成设备领域，大数据也将对存储行业产生重大而深远的影响，进而出现集成数据存储和数据处理服务、内存计算等市场。在软件领域，大数据将推动数据处理和分析、数据挖掘技术和软件产品的快速发展。

第三，大数据的使用将成为提高核心竞争力的关键因素。各行各业的决策都从"业务驱动"转向"数据驱动"。例如，大数据分析可以让零售商实时掌握市场动态并快速做出反应；为企业制定高效策略进而提供决策支持，为消费者提供更迅速、更具针对性的服务；在医学领域，大数据分析可以提高诊断的正确率。

第四，科研手段将发生变化。例如，抽样调查被认为是社会科学的基本研究方式。在大数据时代，我们可以实时挖掘、分析研究对象在互联网上产生的海量行为数据，揭示其规律，提出相应的研究策略。

1.2 大数据发展进程与未来空间

1.2.1 大数据发展进程

大数据不是凭空产生的，它有自己的发展过程。大数据的发展被分为 3 个阶段。

1. 萌芽时期（20 世纪 80 年代至 21 世纪初）

1980 年，"大数据"的概念由美国未来学家阿尔文托夫勒在《第三次浪潮》中提出。当时大数据只是一个假设，但已经被一些学者广泛研究。其意义局限于巨大的数据集，没有进一步研究数据的收集、处理和存储。

2. 发展时期（21 世纪初至 2010 年）

2001 年，高德纳（Gartner）公司开发了一定规模的数据模型。同年，道格·莱尼提出了大数据的 3V 功能。2005 年，Hadoop 技术诞生，成为数据分析的主要技术。2007 年，数据密集型科学的出现为科学界提供了新颖的研究方法，也为大数据的发展提供了科学理论支撑。

2008 年，《科学》杂志推出了一系列大数据专刊，讨论了很多关于大数据的问题。2010 年，美国信息技术咨询委员会发布了一份题为《规划数字化未来》的报告详细概括了政府大数据的收集和使用。

此阶段，大数据被看作一个新颖的方向引起了国内外关注，其概念及特征被进一步详细阐述，相关数据处理技术日臻完善。

3. 兴盛时期（2011 年至今）

2011 年，通用商用机械公司研发了一种超级计算机——沃森。该计算机凭借每秒扫描和分析 4TB 的数据能力刷新了世界纪录。随后，麦肯锡全球研究院发布了《大数据前沿报告》，详细介绍了大数据在各个领域的应用及大数据的技术框架。2012 年，在瑞士举行的世界经济论坛详细讨论了一系列与大数据有关的问题，发布了《大数据、大影响》的报告，并正式宣布了大数据时代的到来。

2011 年后，大数据发展进入繁荣时期，并处于蓬勃发展阶段。越来越多的学者对大数据的研究已经从基本概念和特征转向数据资产、思维变化等角度。大数据也在很多行业崭露头角，不断改变原有行业的老方法并创造新技术。

1.2.2　大数据未来趋势

在全球范围内，研究和发展大数据技术，运用大数据推动经济发展、完善社会治理、提升政府服务和监管能力正成为趋势。下面从应用、治理和技术 3 个方面梳理大数据的未来发展趋势。

1. 大数据在应用方面的发展趋势

在应用方面，已有众多成功的大数据应用案例，但就其效果和深度而言，当前大数据应用尚处于初级阶段，根据大数据进行分析、预测未来、指导实践的深层次应用将成为发展重点。

数据开发和应用的深度决定了应用可分为 3 个层次。第一层次是描述性分析应用，指的是从大数据中提取相关知识，帮助人们分析事物的发生过程，并呈现事物后期发展趋势。例如，美国的数据分析公司 Domo 提取客户的各种信息并整合成数据库，然后将数据中包含的信息以可视化形式推送给不同职位的工作人员，帮助他们更好地了解企业文化，更好地做出决策。第二层次是预测性分析应用，是指从大数据中分析事物之间的发展模式与内在关系，并据此预测事物的发展趋势。例如，微软纽约研究所的一名经济学家大卫·罗斯柴尔德通过收集大量公共数据，例如好莱坞证券交易所和社交媒体用户发布的帖子，建立了一个全新的预测模型，用以预测多个奥斯卡奖获奖者。2014 年和 2015 年，24 项奥斯卡奖中有 21 项被成功预测，准确率为 87.5%。第三层次是指导性分析和应用，是指在前两个层次的基础上分析不同决策带来的影响。例如，自动驾驶车辆分析高精度地图数据和激光雷达、摄像头等传感器的实时数据，预测车辆不同驾驶行为产生的后果，并据此指导车辆的自动驾驶。

目前，描述性分析和预测性分析应用较多，而决策指导性等深层次分析应用相对比较少。一般来说，人们的决策过程通常包括 3 个基本步骤：认识现状、预测未来和选择策略。与上述 3 种不同类型的大数据分析和应用相对应。不同类型的应用意味着人类和计算机在决策过程中分别扮演着不同的角色。例如，在第一层次描述过程中，计算机只负责向人类大脑呈现与当前所发生的事情相关的数据，而对将要发生的情况做出最佳策略仍然由人类完成。应用层次越深，计算机就承担着更加复杂的任务。然而，随着大数据应用的深入，人们逐渐意识到，早期的深层神经网络仍然存在一些问题，例如基础理论没有形成体系、模型鲁棒性差等。因此，应用层次最深的决策指导性应用虽然在人—机游戏等非关键领域获得了良好的效果，但应用于自动驾驶、政府决策等应用价值较高的领域，以及医疗卫生等与人类生命、财产、发展和安全有着千丝万缕的联系的领域，仍然面临着一系列重大核心技术的挑战。在此之前，人们不能放手把更多的任务交给计算机大数据分析系统。这也意味着大数据应用仍处于初级阶段。未来，随着应用领域的扩大、技术的进步、数据共享开放机制的完善和产业生态的成熟，潜在的应用将日益丰富。

2．大数据在治理方面的发展趋势

对于治理而言，大数据治理体系还没达到理想的效果，特别是隐私保护、数据安全与数据共享利用效率之间的矛盾依然极其突出，相关研究和实践应继续加强。

随着大数据的作用日益突出，人们逐渐发现限制大数据发展最大的原因之一是数据治理体系还不够完善。例如，数据资产状态的建立尚不能形成统一体，数据的确认、流通和管理有很多不同的挑战；系统之间的壁垒阻碍了数据的共享和开放；相关法律法规不够完善，导致大数据应用具有隐私泄露的风险。这些因素限制了数据资源中的价值被进一步开发。

其中，隐私安全和共享利用之间的矛盾日益突出。开放式数据共享的需求被越来越多人需要。近年来，人工智能应用的主要发展方向是对海量数据进行分析和整合。此外，大数据应用的力量在很多情况下源于对多方面数据的整合，以及从多个角度看待事物的不同方面。单个系统和组织的数据通常不包含事物的全面信息。因此，只有通过数据的共享、跨领域流通，才能建立一个完备的数据库。

然而，换一个角度看数据的无序流动和共享，隐私保护和数据安全方面的问题就会被暴露，因此必须监管和限制。欧盟制定了数据安全管理法规《通用数据保护条例》，该法规生效后，Facebook 和谷歌等互联网公司被指控故意泄露个人隐私信息，面临巨额罚款。2020 年 1 月 1 日，美国《加州消费者隐私法案》（CCPA）正式生效，CCPA 旨在加强对消费者隐私和数据安全的保护。企业应该保护好用户信息，消费者有权管控个人信息。在这种模式下，过去互联网平台集中收集用户数据的典型互联网商业模式将不复存在。

我国越来越重视互联网中的个人隐私保护，出台了《全国人民代表大会常务委员会关于加强网络信息保护的决定》等相关法律文件，制定了《电信和互联网用户个人信息保护规定》《全国人民代表大会常务委员会关于维护互联网安全的决定》和《中华人民共和国消费者权益保护法》。特别是 2016 年 11 月 7 日，全国人民代表大会常务委员会通过的《中华人民共和国网络安全法》明确了个人信息的收集、使用和保护要求，并规定了个人享有更正或删除个人信息的权利。2019 年，国家互联网信息办公室发布《数据安全管理办法（征求意见稿）》，明确了个人信息和重要数据的收集、处理、使用及安全监督管理的相关标准和规范。

我们必须意识到，这些法律法规会增加数据传播的成本，降低数据使用的效率。如何平衡隐私和发展，避免负面影响，是全球数据管理的共同话题。

近年来，世界各国在监管和限制大数据方面做了许多成功的实践研究。例如，国家层面发布了相关政策法规，促进数据交换的开放性，确保数据安全和保护公民隐私，评估和提高企事业单位数据管理能力的方法和技术，以及确保数据质量、技术规范和标准，以促进数据的互操作性。然而，在目前的研究和实践中仍存在以下两个问题。

第一，管理大数据的概念相对狭隘。大多数研究和实践都集中在企业组织层面，只考虑从单个组织的角度管理大数据相关的问题，违反了大数据跨境流动的迫切需要，限制了大数据价值的发挥。

第二，现有的研究实践对大数据管理的内涵没有达成共识。不同的研究者从流程设计、信息管理和数据管理应用等不同的角度对大数据管理给出了不同的定义。大数据方面的相关研究主要存在 4 个不足：研究证据的平行性和实践的一致性，例如国家层面的政策、法规和法律制定很少包含大数据管理的视角；法律法规尚未确立数据作为资产的地位，因此难以进行有效的管理；现有的大数据管理的技术和产品很多，但仍缺乏完善的多层次管理体系和有效的管理机制；如何将技术和标准有机地结合起来，为共享大数据创造一个良好的开放环境，还有待进一步探索。缺乏系统设计和现有连接系统的扩展可能会导致"碎片化"和数据管理缺乏一致性。目前，社会各界普遍出现的问题大多源于对大数据的管理不够完善。构建合理完善的大数据管理系统已成为大数据发展的重点，但仍处于发展的萌芽阶段。

3. 大数据在技术方面的发展趋势

从技术体系来看，随着数据规模的快速增长，现有的技术体系已难以满足大数据应用的需求，大数据理论和技术还远远不够成熟。未来，信息技术系统需要颠覆性创新和改革。

近年来，数据规模呈指数级增长。根据 Statista 统计，现在全球数据中心的存储容量大约有 2000EB，这是非常可观的存储容量，全世界每天产生大约 2.5EB 的数据，大约是 250 万 TB。虽然不是所有数据都会被传输到互联网上，但是很明显现有的存储空间不能满足我们的需求，因为当前有大量信息存储在云盘上，并且数据是一直增长的，短时间内不会减慢。IDC 的一项研究说明，到 2025 年，全世界包括云服务器在内的数据总量将会超过 16 万 EB，占总存储容量的 40%，大约有 640 亿 TB 的数据需要被存储。目前，要处理的数据量大大超过了处理能力的上限，导致大量数据处于未使用和未知值的状态，这种数据被称为暗数据。

近年来，我国在大数据的采集、存储、管理、处理和分析方面取得了很大进展，但大数据的技术体系还不完善，大数据的主要理论研究还处于起步阶段。首先，虽然社会各界已经就大数据的定义达成初步共识，但许多关键问题仍然存在争议，例如数据和治理的对立统一，"相关性"与"因果关系"、时间等的辩证关系，以及"完整数据"的空间相关性、模型分析的解释性和稳健性等。其次，对于特定的数据集和特定的问题，有许多特殊的解决方案。"通用"或"通用领域"能否形成单一的技术体系仍然是未来技术发展的问题。最后，应用先于理论和技术的发展。数据分析的结论往往缺乏坚实的理论基础。

从未来信息技术的发展趋势来看，大数据将长期保持渐进式的发展趋势。随着技术的发展，数据处理能力的提高将远远落后于指数增长体制下数据的快速增长。随着时间的推移，数据处理能力与数据资源规模之间的鸿沟将继续扩大，大数据现象将长期存在。在这种背景下，技术变革将重组信息技术系统。例如，以数据为中心的计算机体系结构的宏观趋势和存储与计算机集成的微观趋势，软件定义方法的广泛采用，云集成的新计算机模式等。网络通信正在向宽带化、移动化、综合化方向发展。大规模带宽融合的需求和移动设备的高度融合导致了大规模融合的需求；大数据的时间和空间复杂性迫切需要在表示、组织、处理和分析方面取得根本性突破。高实时生产率等要求需要创新和核心设备改革；开源和软硬件的开放趋势重建了工业发展生态。

第 2 章 国际大视野

大数据不仅强调了数据的量，还强调了从海量数据中迅速提取出最有价值的信息和所需知识的能力。到目前为止，大数据所包含的战略价值和潜在能力已经引起许多国家政府的关注和重视，他们纷纷提出大数据战略计划和相关法规，推动大数据的应用和发展。在政府推进的大数据战略部署下，相关国家的政府部门、学校、企业和研究机构都相继展开了大数据应用的探索。以美国为例，在美国大数据战略发表之后，12 个联邦部门连续启动了 82 个与大数据相关的科研项目，涵盖国家安全、国土安全、医疗卫生、食品药物、人文社会科学、能源、航空航天、地质勘查等多个领域。相关企业都想乘着大数据政策这股"东风"，加强对大数据技术的研发和创新应用。

目前，数据已经渗透到各行各业的业务职能领域，数据的科学运用和发展必将成为各个国家竞争力的重要组成部分。在大数据时代，政府所要承担的重要职责不仅仅是强化自身数据的开发和利用，更为重要的是促进整个大数据产业的发展和整个社会的大数据应用。

2.1 国外大数据政策规划分析

2.1.1 大数据战略规划层面政策解读与比较分析

为了在大数据领域抢占先机，获得在相关领域的国际竞争优势，美国、澳大利亚、英国、法国等国家率先制定了大数据战略规划，促使大数据应用成为一项国家战略。

1. 美国大数据战略规划

美国政府于 2016 年发布国家大数据战略性文件《联邦大数据研发战略计划》，其中，包含新兴技术、数据质量、基础设施、共享机制、隐私安全、人才培养和相互合作 7 项战略内容。

该计划体现出的 4 个方面值得借鉴：一是树立"有活力的国家大数据创新生态系统"的总体战略目标；二是在推进技术发展战略的同时格外注重管理战略；三是将数据隐私安全作为当前战略的重点；四是用成功范例带动战略的全面实施。

第一批给美国政府"大数据研发计划"投资的部门主要包括美国国家科学基金会、美国国立卫生研究院、能源部、国防部高级研究计划局、地质调查局，合并投资超过 2 亿美元，有力地推动了大数据的研发。大数据发展不仅由政府完成，该计划还鼓励企业、学校、科研机构、非营利组织和政府共同分享大数据带来的机遇。

2. 澳大利亚大数据战略规划

2022 年，澳大利亚国家档案馆正式发布《2023—2025 年数据战略》，将通过针对性的举措发展数据文化并改进当前收集、共享、管理数据的方式。该战略旨在补充原《国家档案馆 2030 年战略》中的信息和数据治理框架，强调将数据作为战略资产，挖掘数据潜力。

在概念层面，该战略基于信息导向，界定了数据、数据集和数据库的概念，其中：将数据界定为数字的、空间的、统计的、结构化的或非结构化的，以文本、数字或多媒体形式进行传递，并能够被个人、计算机或电子设备分析、处理和交流的信息；将数据集界定为与特定主体或主题相关联的，为特定目的创建的结构化数据集合；将数据库界定为通过计算机系统以电子方式存储和访问的单个或多个有组织的数据集合。

在战略目标层面，该战略共提出 4 个目标：一是数据价值最大化，即开发和提升数据分析能力，促使政府数据安全传输和公开利用，其可交付行动主要包括展示数据分析的洞察力、识别和管理本地与云端数据、达到数据传输计划目标、更新云数据治理清单等；二是数据受信任和保护，旨在应用批判性思维解决数据利用的局限性，开发并实施数字格式统一管理办法，制定数据丢失防护路线图，编制关于长期保存和访问数字材料的研究说明等；三是保障数据利用，即通过共享和创新路径，提升数据利用的效率，为外部利用者提供充分的数字材料访问渠道，以实现数字档案目标；四是构建数据治理能力，通过内部培训，增强工作人员的数字存档和网络安全意识，在数据管理政策中形成正式的角色定位和责任分工。

预计到 2030 年前，澳大利亚国家档案馆将陆续研究和开发信息和数据治理框架、信息安全政策、档案馆风险管理框架、数据连续体、业务连续性政策和计划等，旨在实现以上 4 个战略目标，不断满足政府的数据需求和公众的数据期望。

3. 英国大数据战略

2020 年 9 月 9 日，英国数字、文化、媒体和体育部发布《国家数据战略》（下文简称《战略》），支持英国对数据的使用。《战略》设定以下 5 项"优先任务"，研究英国如何利用现有的优势来促进企业、政府和公民对数据的使用。政府必须充分利用这些任务来发挥数据带来的机会，创建一个蓬勃发展、快速增长的数字行业，促进经济发展。

① 释放经济中的数据价值。

② 促进增长和可信的数据体制。

③ 转变政府对数据的使用以提高效率并改善公共服务。

④ 确保数据基础架构的安全性和韧性。

⑤ 倡导国际数据流动。

《战略》阐明了在英国如何释放数据的力量，为处理和投资数据促进经济发展建立了框架。总体而言，《战略》中确定的步骤是基于英国发展现状来实现更好、更安全、更具创新性的数据应用。

4. 法国大数据战略

法国是传统的工业大国和经济强国，在信息化战略的推动下，法国大数据产业逐步发展，已经渗透到社会生活的多个领域，影响着人们的生活和工作。

2011 年，法国启动了开放数据项目，通过实现公共数据在移动终端上的使用，最大限度地挖掘数据的应用价值。开放数据项目内容涉及交通、文化、旅游和环境等领域。所有法国公民及在法国旅游的欧洲公民都可以通过移动终端使用法国的公共数据。

2013 年 2 月 28 日，法国总理提出数字化路线图，明确了大数据是未来要大力支持的战略性高新技术。法国政府以新兴企业、软件制造商、工程师、信息系统设计师等为目标，开展了一系列的投资计划，旨在通过发展创新性解决方案并应用于实践来促进法国在大数据领域的发展。

此外，法国中小企业、创新和数字经济部推出大数据规划，2013 年至 2018 年在法国巴黎等地创建大数据孵化器，通过公共私营合作方式投资 3 亿欧元，向数百家大数据初创企业发放启动资金。同时，法国政府也出台了其他战略规划积极支持大数据产业的发展。

5. 国家战略规划比较

根据对标大数据公共政策研究的结构，在战略规划层面，主要从战略目标、战略内容、重点发展领域和管理体系 4 个方面进行比较分析。大数据战略规划的跨国比较见表2-1。

表2-1 大数据战略规划的跨国比较

国家	战略规划名称	战略目标	战略内容	重点发展领域	管理体系
美国	《大数据研究与发展计划》	研发核心技术；推动科技进步和国家安全；培养大数据人才	牵头部门；核心项目；资金投入	科学研究；卫生；能源；国防与国家安全；地质勘探	白宫科技政策办公室；大数据高级监督小组监督实施
澳大利亚	《公共服务大数据战略》	鼓励在公共部门使用大数据分析来推动服务创新并制定更好的公共政策	未来机遇与收益；大数据应用原则；行动计划及部门分工	—	成立跨部门大数据工作组负责战略实施，设立高级数据分析中心支持实施
英国	《把握数据带来的机遇：英国数据能力战略规划》	实现英国在数据挖掘和价值提取方面的全球领先地位	强化数据分析技术；加强国家基础设施建设；推动研究与产研合作；确保数据被安全存取和共享	—	英国统计局和政府运营部的研究人员负责提高政府数据能力；信息基础设施治理委员会负责建设大数据基础设施；各行业协会负责行业数据能力建设；信息化管理委员会负责制定具体的战略实施路径
法国	法国政府的五项大数据计划	推动国家大数据发展，促进经济社会发展	人才培养；基础设施建设；资金扶持；项目规划	人才培养；交通；医疗卫生	—

对比不同国家的大数据战略规划，发现既有相似之处，也有明显差异。

（1）共同点

第一，战略目标基本一致。各国都是通过国家战略规划推动各自的大数据技术研发、产业发展和相关产业应用，以确保各自在大数据时代的领先地位。

第二，战略规划有明确的行动计划和重点支持项目。例如，美国的大数据战略明确规定了政府打算重点关注哪些领域和相关项目，以及相应的财政支持；法国大数据战略提出了 5 个发展步骤；澳大利亚大数据战略包括年度行动计划和更详细的时间节点。

第三，战略规划明确了具体的行政和执行机构。例如，美国在白宫科技政策办公室的指导下成立了扩大的大数据高级监督小组，监督大数据战略目标的实施；澳大利亚成立了跨部门大数据工作组负责该战略，同时还配备了专门的技术研究机构；英国设立了专门负责技术能力、基础设施和软硬件创建、协作开发、数据发现和共享的组织。

（2）差异点

第一，战略规划的推广路径略有不同。美国通过发布主要部门的大数据项目计划支持重点领域大数据技术研发，逐步鼓励其他部门和各行各业进一步研发、推广和应用大数据技术；澳大利亚注重"方法指南"，指导各部门正确应用大数据，阐明处理大数据的原则，注重跟踪技术和制定指南；英国、法国政府则强调政府在"奠定基础"中的作用，并概述了政府在培训、基础设施建设、金融支持、项目规划和创造合作条件等领域提供保障。

第二，战略制定机构不同。在某种程度上，战略规划推广路径的差异与不同的制定机构有关。美国和澳大利亚的战略机构主要在技术领域工作，例如，作为大数据战略制定机构的白宫科技政策办公室是美国最高的科技咨询机构，参谋长被任命为总统科技顾问；澳大利亚的战略机构属于信息化指导部门——政府信息办公室，其负责就 ICT 投资管理、ICT 项目实施和政策执行向澳大利亚政府及其机构提供建议，指导政府应用信息技术更好地为公众服务，提高政府的工作效率；英国和法国的战略机构属于与经济发展相关的部门，因此，其大数据战略制定旨在充分发挥大数据在制造业和经济发展中的重要作用。

2.1.2　加强大数据技术层面的政策解读与对标

技术能力储备是保障数据价值挖掘和产业推广应用的重要支撑。国家高度重视大数据战略的实施对大数据技术创新的支持和对闲置产能的化解，国家有关部委和地方政府也储备了战略性技术，出台了相应的大数据技术层面的政策，为相关行业和研究机构提供技术创新环境。这些政策包括基础研究与关键技术研发、人才培养、产业支持和资金保障。

1. 基础研究与关键技术研发

随着对大数据应用技术的需求越来越广泛，数据科学研究变得越来越重要。

美国的大数据战略已将国家科学基金会变成基础研究中心。为了鼓励数据研究，美国国家科学基金会采取了适当的政策和措施，具体如下。

① 向加州大学伯克利分校提供 1000 万美元，帮助该学校研究、整合机器学习、云计算等，将数据转化为信息。

② 推进地球勘探、生物研究等基础研究项目。

③ 将国防、人类生计和社会科学领域的关键技术研发纳入美国大数据部的项目清单。

英国支持大数据研究和技术研发的政策与《英国数据能力战略》相结合，为大学和研究机构提供资金支持，并创建一个协作平台。

在我国，国家发展和改革委员会对数据分析软件和服务的开发提供具体指导。科学技术部2013 年发布的国家重点基础研究发展计划（"973"计划）包括智能感知、社交网络分析、科技互联网大数据处理等方面的数据研发、基础研究和关键技术研究三年行动计划。

2. 人才培养

随着大数据产业的发展，全球对大数据专业人才的需求日益增多，人才培养问题变得越来越重要。目前，对专业人才的培养已被列入政府推动大数据发展的重要议程。

美国《大数据研究与发展计划》的一个关键目标是"扩大从事大数据技术开发和应用的人数"。美国鼓励研究型大学建立跨学科项目以培养下一代数据科学家和工程师，支持对大学生的相关技术培训，并汇集来自不同学科的研究人员，讨论大数据如何改变教育和学习。

《英国数据能力战略》指明了培养人才的具体行动，包括加强中小学教育的数据和计算课程；评估目前在大学学科中教授的数据分析技能，判断其是否需要进一步提高和进行跨学科交流；通过奖学金和项目资金，支持大学满足未来的数据分析要求；加强数据科学研究方面的投入，鼓励更多的人从事数据分析职业。

澳大利亚《公共服务大数据战略》正在加强政府机构和高校之间的合作，培训分析技术专业人员，并计划将各种大数据分析技术整合到现有的教育计划中，以加强人才建设。

法国政府的五项大数据计划的第一步是启动数据科学家（数据专家）教育项目。

在我国，上海和重庆的大数据行动计划中提出加强数据科学人才的培训，鼓励高校与企业合作、开设高校课程、引进和培训高水平的专业人才。

3. 产业支持

如果没有大数据相关产业的支持，就无法真正实现大数据对经济和社会的价值贡献。

在产业支持方面，《英国数据能力战略》指出，英国政府将以多种方式支持大数据产业。在资金支持方面，英国政府将提供更多机会获得欧盟研究和财政支持，并将各个大数据分析中心纳入英国资本投资战略框架，以促进大数据分析技术和产业应用的研发。在产、学、研结合方面，英国也鼓励产业、学术机构与研发单位合作，建立研究成果展示门户和各种合作交流平台。

在我国，上海、重庆等地的大数据行动计划加强对大数据产业的发展和支持。《上海推进大数据研究与发展三年行动计划（2013—2015 年）》强调，创造和完善对大数据技术和产业发展至关重要的政治环境、金融环境、营商环境和公共服务体系，支持更多领域的发展，发展本地数据产业龙头企业，成立"上海市大数据产业技术创新战略联盟"等。《重庆市大数据行动计划》将加快大数据产业发展作为主要任务，拟提升大数据生态产业链，打造大数据产业基地。同时，在立项、税收优惠、土地使用保障、能源保障等方面加强对市级重点大数据项目的支持。

4. 资金保障

在美国宣布投资 2 亿多美元用于大数据研发之后，英国和法国也宣布了对大数据的投资。

2013 年 1 月，英国财政部宣布将投资 1.89 亿英镑用于大数据和节能计算的研发，以提高地球观测和医学等领域的大数据分析能力和技术。2013 年 4 月，英国经济社会研究委员会宣布将再投入 6400 万英镑用于大数据研发。其中，3400 万英镑用于建立"行政数据研究网络"，收集政府部门和机构的行政数据，加强政府数据在研究、政策制定和实施中的作用。

2013 年，法国政府投资 1150 万欧元，用于七大数据市场的研发。通过试点研究，推动法国大数据的发展。

根据《重庆市大数据行动计划》，设立重庆大数据产业发展专项资金，优先支持重点项目资金。

上述国家和城市的大数据投资反映了一些共同特点：第一，所有投资领域都是关系国家竞争力和民生福祉的重要领域，这些领域不能仅靠市场资本发展；第二，加强投入的主要目的是提高大数据在重点领域的技术能力，这是技术在市场上应用的主要要求。

5. 各国技术能力储备政策比较

在大数据技术储备方面，各国各有侧重。各国技术能力储备政策比较见表 2-2。

表 2-2　各国技术能力储备政策比较

国家	基础研究	关键技术研发	人才培养	产业扶持	资金保障
美国	有，但较为模糊	明确	明确	有，但较为模糊	明确
英国	有，但较为模糊	有，但较为模糊	明确	明确	明确
法国	未明确	未明确	明确	明确	明确
澳大利亚	未明确	未明确	明确	有，但较为模糊	未明确
中国	明确	明确	明确	明确	有，但较为模糊

很多国家一致认为，重视人才培养、产业扶持和资金保障，是政府制定有利于产业建设发展的中坚力量。对比来看，美国和英国在国家层面都有比较充分的技术能力储备政策。我国是地方性的行动计划，相应的政策也很明确，因为我国非常重视核心技术的研发和环境的设计。

2.1.3　大数据应用与管理层面政策解读与比较分析

要推动大数据发展，除了制定技术储备政策，还需要制定相应的促进政策，规划试点示范项目，推动与应用相关战略规划的具体实施。

1. 应用推进政策比较

（1）数据开放与共享

使用大数据的基础是数据的完整性。美国、英国、澳大利亚、法国等国家政府为了提高不同部门海量数据资产的发现和共享，促进社会应用创新，制定了政府数据开放共享的政策。国外政府数据开放与共享主要政策见表 2-3。

表 2-3　国外政府数据开放与共享主要政策

国家	数据开放与共享政策	颁布时间	核心内容
美国	《开放政府指令》	2009 年 12 月	各政府机构要在互联网上公开政务信息，提高政务信息质量，营造政务公开文化，实现政务公开制度化。当局需要为开放政府制定可行的政策框架

国家	数据开放与共享政策	颁布时间	核心内容
美国	13526号总统令	2009年12月	呼吁公共当局减少政府信息的夸大，定期解密信息，并通过政府信息的加密和解密增加其公开性和透明度
	13556号总统令	2010年11月	抛开保密，对非机密信息建立开放的标准体系，减少对公众的过度隐瞒
	《实现政府信息开放和机器可读取总统行政命令》	2013年5月	默认数据状态要求计算机在打开时可读，并提高数据的可访问性和可用性
	全球变化研究数据管理政策声明	1991年6月	首次提出将"全面开放"的数据交换政策作为国家科学数据交换的主要策略，为科学研究创造了强有力的数据保障
	2022年信息共享与安全保障国家战略	2012年12月	国家安全取决于在正确的时间与正确的人分享正确的信息。该战略的目的是在负责、无缝和安全的环境中共享信息
英国	《开放数据白皮书》	2012年6月	政府机构应增加公共数据的可用性并鼓励更明智地使用数据。政府机构应制定更详细的开放数据战略
	《开放政府联盟：英国国家行动计划（2013–2015）》	2013年10月	政府承诺创建所有数据集的列表。在2015年之前，英国是开放政府联盟中数据最透明的国家
澳大利亚	《开放政府宣言》	2010年7月	强化公众获取政府信息的权利，创新网络方式，促进政府信息的获取和使用，营造开放的文化。修改《信息自由法》以创建澳大利亚情报委员会办公室并制定更详细的披露方法
	《开放公共部门信息原则》	2011年5月	默认情况下，信息应该是开放的，以供访问。改善在线沟通和与公众的沟通。将信息作为有效信息管理的关键战略资产进行管理。确保公众能够及时获取信息，以方便使用。明确公共信息的再利用权等
法国	政府部门公共信息再利用	2011年5月	帮助处理来自法国开放数据门户的数据。data.gouv.fr（法国数据网）的工作定义了政府机构持有的信息和数据的开放格式、标准和费用，开放数据集的选择及使用数据的许可
	《公共数据开放和共享路线图》	2013年2月	广泛而轻松地开放公共数据，鼓励创新重用，营造开放和数据共享的文化，改进现有规则的结构等
	《政府数据开放手册》	2013年9月	了解公共部门开放数据政策的完整指南

上述国家在政府数据开放政策中具有以下两个共同特点。

一是政府数据开放政策出台，数据开放得到更强的战略支持。

二是普遍建立能够有效保障政策落实的开放数据门户。

美国在开放和共享政府数据方面处于领先地位。从政策制定的角度来看，其开放数据共享分为以下两个方面。

一是制定政策法规，确保公众积极鼓励政府数据向公众公开，公众平等获取、开发和使用数据。

二是对于政府自身的业务，积极制定信息共享政策和规则是非常重要的，特别是从国家安全的角度来说，以确保正确的信息在正确的时间到达正确的人。

英国政府的《开放数据白皮书》明确要求各政府机构每 2～3 年制定详细的开放数据战略，概述推广开放数据内容的政策原则、首次开放时间、数据更新频率，并说明此前市场的使用情况。两年定期生成综合数据发现报告，确保数据开放政策的真正实施。

（2）隐私和数据安全

大数据提出的一个新问题是对隐私和数据安全的威胁。因此，有必要通过规则和指引，加强对大数据使用过程中数据安全的保障。大数据应用的隐私、数据安全规则和政策在很大程度上遵循前期颁布的法规。但是，一些国家已经开始针对大数据特征制定针对项目隐私和安全的政策。

在数据保护方面，英国在《开放数据白皮书》中率先在公共部门透明度委员会（负责监督不同部门数据披露的主要机构）中设立了数据保护专家，并及时采取了最新的数据保护措施和数据公开流程，同时规定各部门应配备数据保护专家。英国指示所有政府部门对个人数据处理进行数据保护影响评估，为此制定了非常详细的"隐私影响评估手册"。

2. 项目实施规划比较

试点计划是促进申请受理的重要政策工具之一。规划政府大数据试点，能够有效引导政府在社会管理和公共服务领域应用大数据技术。通过规划商业领域大数据试点，推动应用模式创新，推动技术研发，促进产业发展。

对于大数据试点计划，美国政府最为明确，其主要特点是"聚焦政府领域的应用，实行具体部门"。美国《大数据研究与发展计划》及更详细的政府大数据项目清单，代表了大数据项目在关系国家战略发展和市场不景气的重点领域的战略性应用。同时，这些项目的实施由特定的部门和机构进行，以确保其有效实施。美国拥有全球领先的 IT 公司和大数据研发能力，大数据广泛应用于商业，政策建议侧重于为政府项目提供便利。

在我国，上海和重庆的大数据规划是试点项目。与美国相比，我国的主要特点是"在政府和商业领域广泛应用，项目广泛推广"。事实上，有必要在公共服务和行政管理的重要领域开展项目规划，通过试点带动发展。

总体而言，国外政府的大数据政策体现了以下两个明显特点。

第一，公布战略计划进行整体部署。各大数据先行国家都支持将大数据发展转变为国家战略，以抢抓大数据机遇，巩固其在大数据领域的国际领先地位。

第二，注重制定人才培养、产业扶持、资金保障、数据开放共享等相关政策，为国家大数据发展营造良好的生态环境。

随着数据量的增长和其巨大的隐藏价值，大数据已成为信息时代发展的新趋势，需要尽快制定大数据发展规划和相关政策。由于不同国家的大数据技术基础、市场基本面和数据文化氛围不同，各国的政策也不尽相同。

我国的大数据市场还处于起步阶段，在战略规划和政策上还有很大进步的空间，为稳步推进我国大数据技术应用和产业发展，需要做到以下两点。

第一，加快制定国家战略的研究来发展大数据。战略要进一步明确大数据发展的有利机遇，谋划大数据研究和规划重点领域，确定关键技术研发方向，加强大数据基础设施建设和人员培训，加大支持力度。大数据产业的体制机制、资金和法规、标准等将有利于国家制定措施发展大数据，以及为后续制定专项政策、项目规划等。

第二，以国外政府大数据政策为基础，结合我国实际制定大数据支持政策路线图，明确相关部门在战略技术能力储备、战略应用引进和支持等方面的权利和义务，为大数据产业孵化、技术研发、推广应用营造健康的政策环境。

2.2 国外大数据实践探索分析

大数据对于提高政府和管理人员的管理技能具有重要意义。各国政府一直在寻找利用大数据改善公共管理的方法，一些国家已经取得了阶段性的进展。我国的一些城市也非常重视提高大数据的治理能力，并在当地开展了一些有益的尝试。总结和分析国外利用大数据提高政府治理能力的案例，有助于根据我国的发展现状，总结经验，汲取教训，探索我国政府大数据应用的路径。

2.2.1 大数据应用推广现状

数据量的爆发式增长，使人类进入大规模生产、分享和利用数据的时代，给信息产业及经济社会各领域发展带来新的变革机遇。世界主要国家将大数据视为提升综合竞争力的关键，积极谋划战略布局，抢占先机，引领未来发展。欧美日等地区和国家特别重视推动大数据技术和产业的总体发展，推动大数据在政务中的应用。

进入 21 世纪，欧、美、日等国家和地区已将大数据的开发和应用作为重要的战略举措。

英国启动"数据权"运动，美国发布了《大数据研究和发展计划》，欧盟（数字议程采纳欧盟通信委员会《开放数据：创新、增长和透明治理的引擎》的报告，日本发布"创建最尖端IT 国家宣言"，澳大利亚发布《公共服务大数据战略》。在政务领域，各国政府利用大数据开展了多种推广工作。

美国：大数据的使用和推广很大程度上是由白宫科技政策办公室推动的。美国的数据开放一直走在世界前列。2009 年，美国政府批准引入 Data.Gov，向公众提供全面的政府数据，作为迈向政府透明度和问责制的第一步。网站内容涵盖农业、气候和教育等类别，并提供数据分类和分析、高级搜索、用户交流和与社交网站互动等新功能。美国的行动也促使英国和其他国家的许多政府部门纷纷推出类似举措。2010 年，在《规划数字化未来》中，美国总统科技咨询委员会建议每个联邦政府机构和部门制定大数据战略。2012 年，美国政府启动了《大数据研究与发展计划》，旨在通过提高从庞大而复杂的数据记录中提取知识和提高洞察力的能力，加快美国科技的步伐，加强国家安全。2014 年 5 月，白宫发布了《大数据：抓住机遇、保存价值》的研究报告，鼓励使用大数据创造更多的社会价值，同时强调需要加强对个人隐私的保护。

加拿大：2012 年，IBM 建立了智能数据中心，为大数据的应用和推广奠定了基础。

英国：一方面，英国政府积极鼓励数据公开，为企业和研究机构提供信息支持；另一方面，政府以资金和政策等形式支持医疗、农业、商业等领域的大数据发展。 2011 年 11 月，英国政府发布了开放数据研究的政策。2012 年 5 月，英国政府提供 10 万英镑支持创建世界上第一个开放数据机构——开放数据研究所。2013 年，英国商业部、农业部均加大了对大数据研究的资金支持。英国在积极推动大数据实践方面成效显著，据统计，英国政府通过使用公开可用的大数据技术，每年可节省约 330 亿英镑，相当于英国人均每年节省 500 英镑。其中，精简政府部门的日常工作可以节省 130 亿～ 220 亿英镑；减少社会保障欺诈和错误可以节省 10 亿～ 30 亿英镑；追收逃税漏税可节省 20 亿～ 80 亿英镑。

法国：自 2006 年以来，法国公共投资部支持了 16 个大型数据中心项目。2011 年 12 月，法国政府设立的在线公共信息共享平台正式上线。2013 年，法国政府决定投资 1150 万欧元用于大数据发展。同年，法国教育部推出 4 项数字服务，进一步提高教育服务平台的设计和维护效率。

德国：德国信息通信体系的建设一直走在欧洲各国的前列，为大数据的发展创造了有利条件。早在 2006 年和 2010 年，德国政府就曾尝试公开政府数据。2009 年，现行《联邦数据保护法》的修订进一步加强了数据保护。

印度：印度政府将 2010—2020 年视为"创新十年"，成立国家创新委员会，推动通过大数据应用成为全球科技强国的理念。2009 年，印度政府创建了一个用于身份管理的生物特征数据库。

韩国：大数据在韩国的应用和推广主要由科学、通信和未来规划部牵头。2011 年，韩国政府提出建设"首尔开放数据广场"，通过建设大型数据中心，让每个人都可以提炼和分析大数据，从而快速提升科技公司的技术水平。

新加坡：新加坡政府于 2004 年发布风险评估与横向扫描计划，并于 2007 年正式启动风险评估与横向扫描计划试点中心，以提高政府通过大数据保障国家安全的能力。此外，新加坡还推出了政府信息披露门户。

西班牙：在"智慧城市"试点的帮助下，西班牙政府在应用大数据方面做出了许多有效的尝试。桑坦德测试了欧盟智慧城市模板，并提出了公民广场的数字版本，以在公民和政府之间建立新的伙伴关系。

日本：2005—2011 年，日本文部科学省与相关大学和研究机构合作开发了新的 IT 基础设施项目。日本教育部、文化部、体育部和科技部正在与美国国家科学基金会合作，以改进大数据在防灾、减灾和管理方面的研究和使用。日本成立了大数据专家组，指导大数据的应用和推广。

澳大利亚：澳大利亚政府信息办公室实施了政府 2.0 计划，推出政府信息披露网站，让公众可以轻松高效地访问政府数据。

2.2.2 大数据提升政府治理能力的着力点

1. 大数据辅助政府科学决策

政府决策是对经济、政治、文化和社会建设进行思考、计划、制定政策和采取行动的过程。从辅助科学决策的角度来看，政府对大数据应用的要求主要包括以下 3 个方面。

第一，利用大数据作为科学决策的重要支撑单元，监测社会日常活动，提高政府决策的及时性和准确性。与我国的"企业发展指数"一样，大数据的使用可以优化指数，加快数据整合和统计的效率，提高指数发布的及时性，帮助相关部门进行宏观调控。通过对历史数据的综合分析，大数据可用于搭建产业发展或社会活动的模型，总结发展规律，预测未来趋势，帮助政府机构提前采取适当的行动。

第二，依靠大数据提高政府决策的效率和准确性，尤其是在应对紧急情况时。通常情况下，当面对突发事件时，政府很难在第一时间获知事件的全面情况，并提取有价值的信息用于决策。大数据技术可以实时、高速地处理大量数据，通过对数据的收集、整理、分析和可视化，可以有效、快速地为政府决策提供有用的背景信息，提高政府综合应对突发事件的能力。

第三，依托反馈数据，实时掌握政府决策的影响，帮助政府及时调整优化决策过程。借助大数据分析和可视化技术，政府可以实时跟踪相关数据的变化，更快地了解决策执行的效果，协助政府决策部门根据执行效果总结决策经验，及时调整决策，提高决策的执行效果。

2. 大数据提高社会管理水平

社会管理是政府职能的重要组成部分，是政府组织、协调、控制、促进和管理社会构成的各个方面、社会生活的各个领域和社会发展的各个方面的行为过程。从社会管理的角度来分析，国家对大数据应用的要求主要包括以下两个方面。

一是提升社会管理效率。数据去噪技术可以帮助管理者自动去除大量错误、无用和重复的数据，增加数据资源价值密度，提高数据管理效率。数据可视化技术可以向管理者展示社会运营的实时数据，使管理者能够缩短应急响应时间，更及时地应对社会管理突发事件。利用大数据挖掘和分析，管理者可以更加高效地发现社会中存在的潜在问题隐患，并予以排除，例如纽约市案例中的火灾隐患排除。大数据技术极大地提升了数据的处理速度，并能够实现多源数据的综合整理，为日常社会管理效率的提升提供帮助。

二是提升社会管理能力。通过挖掘和分析大数据，帮助社会管理者察觉日常管理中的盲点，发现新问题、新隐患，进而提升社会管理者的管理能力。通过构建传感器网络，可获取更多的社会运行数据，这些数据的采集可进一步扩大社会管理者的管理范围。

3. 大数据强化公共服务能力

公共服务是一项旨在满足公民生活、生存和发展的迫切需要，强调国家的服务性质和公民权利的经济社会活动。在政务服务方面，政府对大数据应用的要求主要包括以下两个方面。

一是提升政府服务能力。服务能力不足已经成为制约公共服务事业发展的巨大障碍，大数据技术可以辅助政府部门了解公共服务中的社会需求，提升社会公共服务能力，节约社会资源。在交通领域，利用大数据可以监控车流状况，及时发现交通事故，提高智慧交通水平。在医疗领域，利用大数据可以获取病人过去的就医情况和身体情况，提高医疗诊断的准确性，辅助研究人员攻克医疗难题。

二是提高群众参与公共事务的积极性。大数据技术可以提高公共信息发布的及时性，更便捷地收集公民反馈的信息，为人们的生活提供更便捷的服务，提高人们参与公共事务的积极性。在交通领域，可以利用大数据实时采集车辆状态信息和停车位信息，方便人们选择最佳行车路线，获取停车信息。在市容建设中，人们可以通过智能终端提交意见，管理者可据此提升公共服务的质量。

2.2.3 国外大数据提升政府治理能力的典型案例分析

（1）案例一：辅助科学决策

大数据可以为政府决策者提供更准确、更人性化的信息。

在科学决策领域，由于决策需要大量的数据资源，对数据价值的提取要求更高，对安全和隐私的要求更高，其总体特点是基于丰富的数据资源、需要借助数据资源综合性分析工具、政府主导性强。政府科学决策领域大数据应用案例见表2-4。

表2-4　政府科学决策领域大数据应用案例

案例	案例内容	作用效果
美国佛罗里达州	佛罗里达州迈阿密戴德县已将数十个重点县与迈阿密市合并，以帮助政府做出更好的水资源管理决策，减少交通拥堵并改善公共安全	佛罗里达州迈阿密戴德县在管理方面更具科学性
英国水平扫描中心项目	2004年，英国设立了水平扫描中心项目，以提高政府应对跨部门、跨学科挑战的能力。2011年，水平扫描中心启动了《气候变化的未来国际影响计划》，通过对多个数据的深入分析，研究和解决粮食和水的供应问题及气候变化对区域或国际形势的影响	极大地提高了英国政府决策的科学水平
日本经济判断	日本决定自2014年8月起每月发布的月度经济报告中，使用从互联网上收集的"大数据"作为经济评估的新指标。根据互联网用户在推特上搜索商品和服务，日本将实时分析消费趋势	通过大数据应用，政府对日本经济走向有了更加清晰的认识

案例分析：该领域大数据应用的成功要素如下。

第一，确保数据资源的充足性和有效性。

第二，提高多源数据资源聚合能力。

第三，提高综合分析多源数据的能力。

（2）案例二：提高社会管理水平

利用大数据可以收集社会各方面的信息，通过综合分析可有效提高社会管理的效率，保障公民的安全。

在社会管理领域，政府主要从城市管理中发现的实际问题出发，利用大数据解决问题。基本模式是依托第三方公司，通过整合政府相关部门和有关公司的公共数据，开发应用，构建大数据分析模型。政府社会管理领域大数据应用案例见表 2-5。

表 2-5　政府社会管理领域大数据应用案例

案例	背景内容	数据来源	作用效果
西雅图大数据节电	西雅图是美国西北部最大的电力消费城市。根据《福布斯》杂志统计，在全球 150 个主要城市中，西雅图的年度用电量排全球第 20 位，因此，西雅图市政府与微软和埃森哲共同试点了大数据节能项目	四大城区上百个能源管理系统进行记录，包括每个用户的用电量统计和用户电热水器、取暖器、照明、烹饪等用电	提取数据，然后使用预测分析工具来发现潜在的节能方式，目标是将耗电量降低 25%
锡拉丘兹市提高住宅的利用率	2011 年，纽约锡拉丘兹市与 IBM 合作，作为智慧城市项目的一部分，试图利用大数据提高住宅的利用率	纽约锡拉丘兹市政府开放数据，城市土地开发数据，人口流动相关数据	有效减少了城市中的住宅空置数目
美国国家税务局提升检查能力	美国国家税务局已将大数据分析能力整合到其申报审查流程中	美国国家税务局收集的税务信息和纳税人信用信息	通过分析大数据，美国国家税务局有能力预防、发现和打击逃税和欺诈行为
里昂用大数据治堵	里昂政府为减少拥堵对市民的影响，将 IBM 开发的"决策支持系统优化器"用于根据相关数据做出决策，以应对突发交通事故，优化公共交通	包含大量交通摄像采集的数据、交通信号灯、天气数据等实时交通报告	如果某处发生交通拥堵，可以及时调整交通信号灯，使交通流量达到最佳状态；协助处理紧急情况；预测可能的拥堵

案例	背景内容	数据来源	作用效果
加州电网系统运营中心	加州电网控制中心管理着加州80%的电网，每年通过40000多千米的电线向3500万客户输送2.89亿兆瓦的电力	天气传感器、计量设备等各种数据源的海量数据；3500万个用户的用电数据	平衡网络中的功耗；快速响应潜在危机；用户可以通过可视化界面优化功耗
拉斯维加斯城市管网	由于历史数据不准确，拉斯维加斯要在施工期间关闭水力发电厂等市政管道，拉斯维加斯使用大数据技术开发了城市基础设施模型	咨询公司VTN帮助拉斯维加斯整合来自多个数据源的数据；使用Autodesk技术生成三维实时模型	凭借查看各种地上和地下管道资产的能力，拉斯维加斯城市管理人员可以实时监控关键资产的位置和状态
波士顿大爆炸侦破	2013年4月15日下午2点50分，波士顿国际马拉松现场发生了一系列爆炸事件，为加快办案速度，FBI在波士顿马拉松爆炸案附近收集了大约10 TB数据	采集来自移动基站的电话通信记录；来自附近商店、加油站、售货亭和志愿者的视频监控数据；大量在线信息；Twitter、Vine、Facebook等社交网络上的相关照片、视频数据	调查人员最终通过比较、搜索和分析，确定了嫌疑人
南卡罗来纳州大数据预防犯罪	为了帮助警方收集和分析文本，提高案件处理效率，降低暴力犯罪率，在南卡罗来纳州查尔斯顿，警方使用价值100亿美元的数据分析工具来帮助当地警方更准确地分析犯罪模式、分配警察部队	指纹、掌纹、人脸图像、签名等一系列生物信息识别数据；归档数据、所有相关的图像记录及案件卷宗等信息	帮助发现犯罪线索；定位犯罪热点地区，降低犯罪率，可以预测罪犯在缓刑或缓刑期间犯罪的可能性，提供缓刑条件和法庭诉讼信息
纽约利用大数据防火	纽约每年有近3000座建筑物被火灾损坏，纽约的复杂性使消防员难以到达现场，防火已成为减少损失的首要任务	100万座建筑物的数据，包括居住者的平均收入、建筑物的年龄、电气特征等	根据这些数据计算建筑物的火灾风险概率，并从高到低进行安全调查
弗吉尼亚州警员驾驶行为的监管	弗吉尼亚州有近1/5的警车超速严重，96%的超速在90m/h～110m/h	获取100万条警车通过收费站的记录，并根据两个收费站之间的距离、行驶时间、司机的位置和地址进行详细的数据分析	13个月共发现5100辆警车超速

案例分析：该领域大数据应用的成功要素如下。

第一，明确任务目标。

第二，根据具体任务收集与任务目标相关的数据资源。

第三，有针对性地分析相关数据。相关数据是指与问题直接或间接相关的数据集，对数据量的要求比较高，数据集的相关性分析是应用成功的关键。

此类案例具有很强的可重复性和可扩展性。

（3）案例三：强化公共服务能力

大数据的应用为公共服务提供了更加多样化的工具，进一步提升了公共服务的效率。

除了政府机构，很多企业也利用大数据在公共服务行业进行各种应用。政府或第三方服务机构可以利用大数据技术，对积累的海量历史数据进行提取和分析，以提供更广泛、更深入、更丰富的政务服务。政府公共服务领域大数据应用案例见表 2-6。

表 2-6　政府公共服务领域大数据应用案例

案例	背景内容	数据来源	作用效果
美国缓解停车难问题	SpotHero 是一款手机应用，能够根据用户的位置和目的地，实时跟踪停车位数量的变化	联网城市可用车库或停车位，以及价格、时间、间隔等相关数据	能够实时监控华盛顿、纽约、芝加哥、巴尔的摩、波士顿、密尔沃基和纽瓦克等城市的停车场
波士顿交通大数据	IBM 的 6 位数据分析工程师应用大数据来治理波士顿的交通	现有的交通数据及来自社交媒体的新数据源，以及来自交通信号灯、二氧化碳传感器、汽车等的数据	可以帮助乘客改变路线，省时省油
瑞典发布实时火车运行情况	第三方机构使用数据创建了应用程序	瑞典交通局发布火车到站和预计到站时间的实时数据；跟踪全国所有列车到站的数据	在此基础上，旅行者和货运代理可以决定运输方式和路线
纽约分析基因序列	西奈山医疗中心使用来自大数据公司 Ayasdi 的技术分析基因序列	大肠杆菌的完整基因序列，包括超过 100 万个 DNA 变体的数据	找出菌株对抗生素产生抗药性的原因
多伦多预防婴儿夭折	加拿大多伦多的一家医院研究发现，通过大数据分析，及时进行医疗干预，可以预防婴儿夭折	每秒有超过 3000 个关于早产儿生命功能变化的数据	医院可以及早发现哪些早产儿存在问题并采取有针对性的措施
韩国国家 DNA 管理系统	韩国生物信息中心在国家 DNA 管理系统的开发和运行中，为人们提供个性化的诊断和治疗	大量的 DNA 和病人医疗信息	诊断和治疗方法更加多样和有效
西雅图减少医疗事故	西雅图儿童医院开展大数据应用。通过数据分析为医生提供帮助	医院诊疗数据	有效减少医疗差错，帮助医院供应链成本减少 300 万美元

案例	背景内容	数据来源	作用效果
美国阿拉巴马州利用大数据提高毕业率	阿拉巴马州县级流动公立学校的辍学率高达48%	地区级阿拉巴马州公立学校移动系统检查的95所学校的学生数据	提炼出学生辍学前的"信号"，并制定有针对性的措施；该学区将毕业率提高到70%
密歇根州政府建立数据库	密歇根州政府信息技术部创建了一个数据库，使政府机构能够提供更好的服务	州政府采集居民的相关信息	政府服务效率提升
韩国预防"手足口"病综合系统	韩国食品、农业、森林与渔业部、公共行政与安全部联合推出预防"手足口"病的综合系统，通过数据分析来加强"手足口"病的预防	动物疾病、海关出入境记录、农业调查、牛迁徙、牛工活动等大数据	韩国"手足口"病的发病率大幅下降
韩国灾害预报系统	韩国公共行政与安全部推出灾害预报系统，利用大数据实现灾害预报	过去的灾害记录，自动实时天气和地震预报	天气和灾害预报的准确率有所提升
基于政府开放数据的天气预测	EarthRisk公司开发了一种新的模型用于预测极端天气事件，该模型可对过去60年的数据进行820亿次分析来识别天气模式	数以千计的野外工作者和研究人员提供的数据	可预测未来40天的天气

案例分析：该领域大数据应用的成功要素如下。

① 建立综合数据采集系统。

② 必须具备强大的数据分析能力。

③ 开放数据应用的渠道和突出第三方在分析数据价值方面的作用。从示例中可以看出，该领域的许多应用程序已从政府应用变为企业应用。因此，第三方公司的作用在公共服务领域尤为突出，政府可为第三方公司提供必要的数据。

2.2.4　国外政府大数据应用案例的启示

国外各级政府在将大数据应用于公共管理方面，采取了多种方式，取得了明显成效，其经验可归纳为4个方面。

1.　建立专门的组织体系

多源数据的综合收集和分析是大数据应用的重要特征。在大数据应用的发展过程中，各级政府通常会设立专门机构，来实现各类数据资源的聚合，加强其在大数据应用中的主导地位，例如纽约市建立的数据分析团队。机构的主要作用如下。

一是强化对数据资源的收集和管理。

二是设立大数据应用机构主体，明确职责权限。

三是克服不同政府部门之间数据交换的障碍，既提供数据交换通道，又保证数据资源的安全使用。

2. 加强数据采集系统建设

被动采集和主动采集是数据采集的主要手段。主动采集包括每天从各个政府机构收集数据和建设智慧城市的各种传感器系统。被动采集包括采集平台数据（例如纽约的 311 平台和各种在线平台）和公民登记数据。政府部门采集数据资源的主要任务是不断完善基于智慧城市建设的城市感知体系，丰富的数据资源是保障大数据应用发展的基础。

3. 挑选重点领域开展应用试点

各国各级政府在使用大数据方面主要存在两个问题：一是利用大数据的使用仍然非常有限，主要是数据整合；二是大数据应用领域仍然较小，主要是试点项目。因此，各政府应用大数据的方式一般都是点对点的，倾向于在数据丰富、应用简单的领域总结经验。在选择领域时，选择的重点领域包括交通、教育、医疗等。以交通领域为例，很多城市已经拥有比较完善的交通信息采集系统，以及成熟的交通管理网络和车辆管理系统。

4. 政府数据开放是重要抓手

当前，在政府大数据应用中面临的主要困难：一是各部门数据资源共享难；二是大数据分析技术能力有限。开放数据可以有效地解决这些问题，美国、英国已经建立了较为完善的数据披露制度并取得了较好的效果。数据开放的作用如下。

① 提高政府工作的透明度。

② 向第三方提供关键数据资源，便于价值提取。

③ 以身作则，调动社会各界提供数据资源的积极性。

第 3 章 国内大数据发展基础

3.1　信息化基础分析

3.1.1　信息化的定义

1963 年，日本学者梅棹忠夫发表了代表作《信息产业论》。在该书中，"信息化"这一概念第一次被提出，"信息化"是通信信息现代化、计算机化和行为合理化的概括。换言之，衡量社会是否进入信息化的标准是计算机在社会中是否普及到了一定程度。1963 年以后，欧洲各国对"信息化"的概念高度关注，推动了计算机技术的发展。

3.1.2　我国信息化框架的发展

在我国，对信息化这一概念的理解可以追溯到 20 世纪 90 年代。"信息化"这一概念的提出，改变了各业务部门的日常工作形式。此后，各行各业对信息化的理论知识有了更具体的认识和更深层次的理解。1997 年，我国经历了第一次全国信息化的变革，国家信息化工作会议从国家战略层面上提出了具有中国特色的信息化知识框架。具体来说，"信息化"是使用人工智能工具，培育和发展新兴的生产力，使之造福社会的历史过程；从大的层面来说，"国家信息化"是指在国家层面统一规划及组织的带领下，将 5G、AI、大数据等新一代信息技术广泛应用于农业领域、工业领域、科技领域、国防领域及社会生活领域，进行更深层次的开发，使信息资源被更为广泛地熟知及使用，加快国家现代化的进程。概括来说，国家信息化体系由发展信息技术和产业、建设国家信息网络、制定和完善信息化政策法规和标准规范、促进信息技术应用、培养信息化人才、开发利用信息资源，以及信息网络安全这 7 个要素组成，被称为"信息化七要素理论"。信息化七要素如图 3-1 所示。

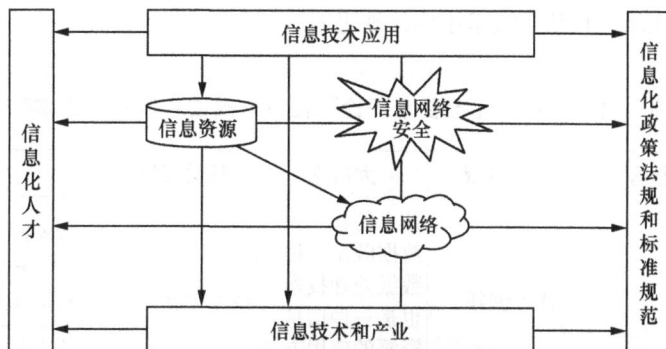

图 3-1　信息化七要素

与西方发达国家信息方面的认知体系相比，我国的信息认知体系的发展更加科学、合理、有序：一是国家自上而下地定义信息的属性，可以更好地规避企业在发展萌芽时期遇到高技术门槛时，释放出信息技术巨大红利的问题；二是在区域均衡发展方面，通过"信息化七要素理论"，企业可以对信息化建设道路有一个系统和全面的认识规划。

3.1.3　新一代信息化技术发展结构

近年来，随着我国信息技术的快速发展，"信息化七要素理论"在智慧城市和大数据项目推广过程中的作用已经被大幅削弱。造成这种现象的主要原因有两个：一是随着云计算、5G、物联网、区块链、大数据等技术的广泛推广，智慧城市、数字治理等项目的实施弱化了人们对"信息化七要素理论"的深度理解；二是"信息化七要素理论"框架没有根据时代变化进行及时更新，面对我国以智慧城市和数据经济为核心的新信息化建设进程，相对薄弱的"信息化七要素理论"已不能满足当前的要求。因此，"信息化七要素理论"迫切需要构建一个与之相匹配的信息化认知框架，这一举措具有更为重要的、影响更为广泛的理论意义和现实意义。

在新一代信息技术和智慧城市项目建设的推动下，"信息化七要素理论"的重建具有重要意义，对当前数字中国建设具有重要的指导作用。事实上，以云计算、5G、物联网、区块链、大数据为主要代表的新一代信息技术，在我国的基础设施建设、商业形态发展、互联网发展等诸多方面打破了信息化建设模式的发展与平衡。我们需要将"信息化七要素理论"系统框架作为基础信息，进一步详细分析新一代互联网技术对企业信息化建设的重要作用和深远影响。"信息化七要素理论"在新一代信息技术中的体现见表 3-1。

表 3-1 "信息化七要素理论"在新一代信息技术中的体现

	物联网	云计算	大数据	移动互联网	人工智能
信息技术和产业	技术创新	技术创新	技术创新。大数据既是一种数据处理技术，也是一种信息资源的应用方式和思维方式	技术创新	技术创新。人工智能是研究、开发用于模拟、延伸和扩展人工智能的理论、方法、技术及应用系统的一门新的技术科学
信息网络	拓宽网络连接范围	IaaS 改变网络建设方式	基于信息网络的大数据分析模式，创新大数据的分析质量与处理速度	由固定向移动转变，加快了移动智能终端的发展，提升了人们运用信息化的深度和广度	信息数据增长迅速且网络环境变得越来越复杂，这对计算机网络技术在应用和创新方面提出了更高的要求
信息资源	极大地增加了信息资源数量与类型，非结构化数据量增加	改变数据资源存储和计算方式，提高了信息资源处理能力	赋予信息资源的 4V 特征，非结构化数据日益成为主要内容	来自移动终端的信息数据极大地增加了信息资源的总量与结构	指纹识别、人脸识别、视网膜识别、虹膜识别、掌纹识别、专家系统、智能搜索、定理证明、逻辑推理、博弈等感应信息资源的总量与结构
信息技术应用	拓宽了业务应用范围，使很多传统行业，例如服务业、制造业等被纳入信息化范畴	SaaS 改变业务系统开发建设模式和应用模式	作为决策的重要工具，极大地提高了决策分析能力与时效性	App 日益成为人们的信息化应用方式	在机器人、经济政治决策、控制系统、仿真系统中得到应用
信息网络安全	涉及面更广泛、危害更直接，不仅是计算机系统的安全，也涉及机器设备与人身财产安全	由分散的安全问题转变为集中的安全问题	提高安全分析能力	智能终端的安全问题更加普遍	在网络安全领域，人工智能可以检测和发现错误，甚至执行策略来对问题进行修复
信息化人才	增加投入	增加投入	增加投入	增加投入	增加投入
信息化政策法规和标准规范	加强建设	加强建设	加强建设	加强建设	加强建设

从表 3-1 中可以观察到，新一代信息技术对传统的信息化建设有着极为重要的作用，给其带来了巨大的改变，主要表现为以下 3 个方面。

1. 重构信息化建设模式

新一代信息技术一个显而易见的特征是，围绕大规模的信息数据形成生产和决策分析的传输过程，构成一条连贯的产业链。在新一代元模型的帮助下，信息技术已成为信息产业发展的关键趋势。我国各个行业都有可能使用信息元素模型来开发新的信息业务系统，从而引领新的、更强大的信息开发浪潮。

2. 改变信息化发展趋势

云技术计算和思维在信息化建设中已经有了新的分工。使用传统技术，企业必须创建属于该企业独一无二的内部网络环境，创建专有的机房和数据存储中心，并购买价格高昂的各式各样的服务器及内存。随着新一代信息技术的发展，企业不再需要建造和购买大量投资的网络和设备。大型运营商和互联网企业可以通过为企业提供按需租赁，提供基础设施服务、基础应用软件，甚至备份恢复。这些租赁降低了使用传统技术企业的大部分信息成本。

毋庸置疑，从"自建"模式到"租赁"模式，企业信息化建设很大程度上变得简约，企业可以在信息化建设中节约许多资金。在这样的环境下，各个企业首先需要完成的是制订可实施且高效率的信息建设计划，同时也需要企业进一步建立及完善数据库，再使用相关技术管理数据库的各方面业务，最后还要加强业务信息系统的日常管理，并制定出相匹配的管理制度。

3. 催生新的信息基础设施

新一代信息化建设自信息元模型时，就已经开始变成新一代信息基础设施，即"云""终端""网络""平台"。"云"可以指代云数据中心平台，是以云计算和大数据技术为基础的设备；"终端"指的是计算机、移动终端、可穿戴设备、传感器等。"网络"指的是物联网技术的发展，它不仅指互联网，还包括具有传感技术的狭义物联网技术。物联网技术会使网络管理变得更加广泛，因为其将对物的管理纳入其中，使人与物体能够整合成一个统一的平台。平台不仅包括核心技术和标准运营系统（例如物联网平台），还包含了不同的电子商务网络平台、社交网络平台，"云""终端""网络""平台"等成为新一代信息基础设施建设的内容。

3.1.4　新一代信息基础设施推动数字中国建设

《中华人民共和国国民经济和社会发展第十四个五年规划和 2035 年远景目标纲要》（以下简称"十四五"规划）从建设数字经济的新优势到加快数字社会建设步伐，从提高数字政府建设水平到创造良好的数字生态，展现了未来五年数字中国建设的新图景。其中，云计算、5G、物联网、区块链、大数据等七大重点产业将围绕数字经济进一步发展，以数字化转型整体推动生产模式、生活方式和治理方式变革，将进一步促进和创造新的经济增长，推动社会的发展和创造质量提升。当下，我们熟知的数字经济可以被理解成一系列以数字知识和信息为重要的生产要求，最大限度地利用信息传达能力和通信技术来提升效率，成为优化经济结构和经济活动的驱动力。

我国新的理论框架是新一代信息基础设施数字化之后的成果。因此，我国的数字化政策是站在坚固的科学发展的学科基础上的，政策措施的制定也有据可依。

3.2　新型基础设施分析

2018 年年底，在我国中央经济工作会议上，提出了"加快 5G 商业化步伐，加强人工智能、工业互联网、物联网等新型基础设施建设"的经济发展工作宗旨，"新型基础设施建设"概念出现，并在许多会议上被提及。新型基础设施相关会议汇总见表 3-2。

表 3-2　新型基础设施相关会议汇总

序号	时间	会议名称	相关内容
1	2018 年 12 月	中央经济工作会议	进一步快速发展 5G 网络技术的商业影响，同时加强人工智能专业、工业互联网领域、物联网技术领域等新型基础设施的快速发展
2	2019 年 3 月	中华人民共和国第十三届全国人民代表大会第二次会议、中国人民政治协商会议、第十三届全国委员会第二次会议	不仅要加强反周期调整，还需要建设以 5G 网络技术、人工智能技术、工业互联网技术和物联网技术为代表的新型基础设施并发挥它们的重要作用
3	2019 年 7 月	中共中央政治局会议	使制造业投资发展更加稳健，同时加强薄弱环节的发展，进一步加快信息化等基础设施建设的步伐
4	2020 年 1 月	国务院常务会议	加大发展先进制造业的相关工作力度，同时提出进一步引进政策扶持信息化等新型基础设施项目投资，推进智能绿色生产

序号	时间	会议名称	相关内容
5	2020 年 2 月	中共中央全面深化改革委员会第十二次会议	基础设施是经济社会发展的重要支撑，要以整体优化、协同融合为导向，统筹存量和增量、传统和新型基础设施发展，打造集约高效、经济适用、智能绿色、安全可靠的现代化基础设施体系

3.2.1　新型基础设施的定义

国家发展和改革委员会明确地界定了"新型基础设施"的范围，即信息基础设施、融合基础设施和创新基础设施 3 个方面。信息基础设施包括以 5G 网络技术、物联网技术、工业互联网和卫星互联网技术为代表的通信网络基础设施，以人工智能、云计算技术和区块链技术为代表的新技术基础设施，以数据中心和智能计算中心为代表的算力基础设施。融合基础设施是指深度应用互联网、大数据、人工智能等技术，支持多方位的交通基础设施、能源基础设施等传统基础设施的转型升级。创新基础设施大部分是指支持科学研究、技术开发和产品研判等具有公益属性的基础设施，例如重大科技基础设施、科教基础设施、产业技术创新基础设施等。新型基础设施产业的基本特征如下。

第一，产业链覆盖面广。例如，5G 架构包括芯片、设备元器件、材料、精密加工硬件技术、操作系统平台、云平台技术、数据库技术等软件。第二，产业协同效应强。例如，5G 网络技术、物联网技术、工业互联网和卫星互联网技术、人工智能技术、云计算、边缘计算和数据中心有强烈的共同需求，将在产业之间形成循环驱动效应，有助于提高产业竞争力。第三，渗透性强。在推进新经济规模的同时，新型基础设施也将渗透传统产业，尤其是传统制造业。从更广泛的意义上说，新型基础设施还包括存量规模相对大部分传统基建行业较小，但未来增量空间较大的领域。

3.2.2　新型基础设施"新"的具体解读

从第一次工业革命发生以来，每一次技术革命都需要多部门协同。新型基础设施作为重要的基础性产业，不仅可以拉动较大的投资需求，也能满足广大人民群众的消费需求。现阶段的新型基础设施可以适应我国经济高质量发展的目标，能够更好地支持创新、绿色和消费升级。新型基础设施与传统基础设施建设之间的差异如图3-2所示。

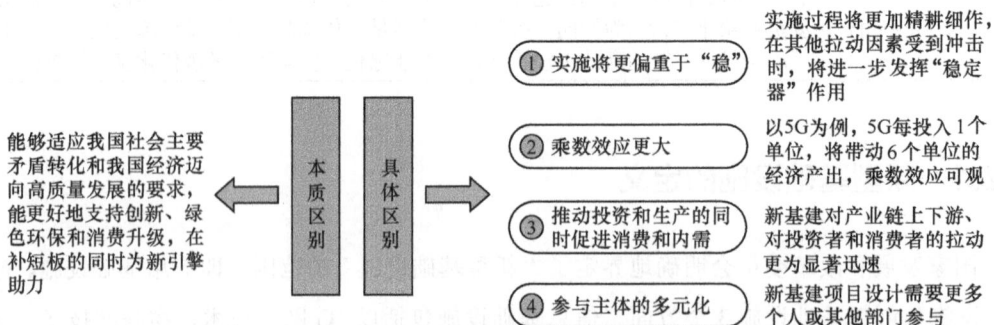

图3-2　新型基础设施与传统基础设施建设之间的差异

新型基础设施建设将更关注"稳定"，乘数效应更大，参与者将更加多样化。新型基础设施七大主要领域如图3-3所示。

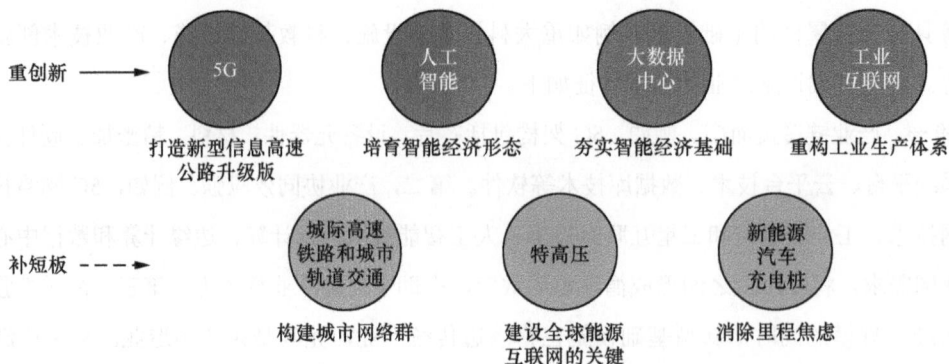

图3-3　新型基础设施七大主要领域

3.2.3　新型基础设施的建设意义

新型基础设施具有外部性强、公共属性强、效益范围广、规模经济大等特点，这决定了相关建设必须适度领先，必须超前以满足经济社会发展的需要。新型基础设施的意义在于惠民生、稳增长、补短板、调结构和促创新。新型基础设施的5个意义如图3-4所示。

稳增长
新型基础设施短期可拉动大量
需求，稳投资、稳增长、稳就业

惠民生
新型基础设施惠民生，
满足人民美好生活需要

补短板
新型基础设施可以弥补人均基础设施
存量、质量与发达国家之间的差距

促创新
新型基础设施将为我国在下一次
以数字化为支点的全球工业化革
命中创造基础条件，占得先机

调结构
新型基础设施长期将推动新动能供给，
推动我国经济转型升级，提升增长潜力

图 3-4　新型基础设施的 5 个意义

3.3　产业基础分析

随着信息技术与人们生产生活的融合，互联网的飞速发展、全球数据量爆炸式增长，对经济的发展、社会治理、国家管理及人民生活产生了重大的影响。多个国家在前沿技术研发、数据开放与共享、隐私与安全保护、人才培养等方面进行了前瞻性的总体布局。

从行业角度来看，经过多年的发展，大数据市场中的企业已经初具规模。我国企业级大数据已进入快速发展期，产业将进一步集聚。随着政策环境及现有技术手段的不断完善，相关产业应用持续升温，产业体系初步呈现一定的规模。不同行业用户部署和建设大数据平台，推动了软硬件产品和公共服务市场的快速发展。

随着数字经济概念的提出，大数据技术已被提升到国家战略层面，作为新型基础设施的关键环节，其重要性不言而喻。大数据技术的应用范围扩大，将加快我国经济结构的调整，在一定程度上改变我们的生产和生活方式。

3.3.1　产业区域分布

我国经济发达地区拥有大部分的大数据产业集群。例如，北京、上海和广东是大数据产业集群发展的核心地区。这些地区为信息技术产业的发展奠定了良好的基础，形成了比较完整的产业布局。此外，以贵州、重庆为中心的大数据产业圈在政府大数据产业发展政策的指导下，积极引进大数据相关企业和核心人才，以大数据产业带动区域经济新发展。京津冀地区依托北京特别是中关村在信息产业方面的领先优势，培育了一大批大数据企业。与此同时，一些数据公司扩张到天津、河北等地，形成"京津冀大数据走廊"的格局。珠三角依托广州、深圳电子信息产业的优势，发挥广州、深圳两个国家超级计算中心的集聚作用，在腾讯、华为、中兴通讯等一批中心骨干企业的驱动下，慢慢地成为大数据集聚发展的主要地域。长三角以上海、杭州、南京为依托，将大数据与当地智慧城市、云计算的发展紧密结合，吸引了大批大数据企业入驻，进一步推动了产业发展。

以贵州、重庆等为代表的西南地区也在积极发展大数据产业。2013 年开始，贵州充分发挥独特生态领域优势、能源资源优势、地理位置优势和战略策略优势，精准抓住机遇，率先启动第一个国家大数据产业集群区、国家大数据产业技术创新实验区、国家大数据综合实验区；率先建设全国首个省级政府数据聚合共享开放统一云平台；积极主动开展大数据地方法规制定工作，颁布实施《贵州省大数据发展应用促进条例》；积极建设全球首个大数据信息交换平台；每年坚持举办贵阳国际大数据信息产业博览会和贵州大数据信息商业模式大赛等。

3.3.2 产业发展成效

经过多年的发展，我国大数据产业发展取得了五大成就。

一是大数据基础设施建设持续成长。基础设施是大数据信息产业快速发展的前提与保障，有助于加快实施"数字中国"战略，加快下一代云计算技术、5G 通信技术、物联网技术、区块链技术、互联网交互技术、公共无线网技术、电子政务网技术等网络基础设施建设。

二是大数据开放共享进度加快。在大数据时代，国家竞争力将部分反映在一个国家的数据规模，以及一个国家解释和使用数据的能力上，而国家数据主权则反映了对数据的使用和控制。

三是政府大数据深入应用。各级政府机关在日常业务管理中积累了很多的数据信息资料，但这些数据的价值尚未得到充分挖掘。在各种数据信息资源的整合过程中，政府应用的场景将更广，数据的挖掘及数据资源的分析结果在管理决策中的辅助功能将逐渐体现。

四是大数据相关立法加快。截至目前，我国大数据信息资源行业的实力和数据资源信息的组织结构还不够强，企业难以实现自律生长，政府的监管和保护能力弱。在未来发展环境里，将通过建立个人信息和隐私保护体系，为公众创造一个良好的信息环境和隐私安全环境。

　　五是大数据与传统产业深度融合。大数据信息资源与信息数据、生物信息、高端制造领域、新能源技术等领域的深度整合和创新应用，将推动农业、制造业、服务业等传统产业的转型升级。

3.3.3　产业发展机遇

　　数据的积累促进了行业的发展，在信息化不断发展的过程中，我国积累了大量的数据资源，为大数据产业的发展提供了源泉。

　　经济社会日渐增长的应用需求为大数据产业的发展提供了市场空间。大数据技术产品创新正逐步从技术驱动转向应用驱动。强大的应用需求和巨大的市场空间是我国大数据产业创新的内生动力。

3.4　创新发展分析

　　我国已成为互联网大国，数字经济蓬勃发展，促进传统产业不断进行改造升级和赋能，催生了电子商务、物流配送、云计算、远程控制、自动驾驶等新业态、新技术，以及智慧城市、政务云等数字治理模式。随着"数字中国"战略的稳步推进，大数据、云计算、人工智能、区块链等技术加快了我国数字建设的进程。

3.4.1　大数据推动科技创新

　　以大数据信息技术为核心，推动理论创新、应用创新和集成创新，关注各行业、各领域的数据整合和业务创新，推动转型升级。企业持续积累并有效利用自己的"数据资产"，促进企业营销和客户关系管理的创新和业务升级成为未来企业发展、转型和升级的必然趋势。

3.4.2　大数据推动政府治理体制创新

　　我国将数字政府建设作为重点工作之一，快速推进政府管理和社会治理模式创新。各级政府正在加快完善数字基础设施，优化公共服务供给。以大数据推动政府治理体系创新，即随着各级政府智慧城市、城市大脑等项目的实施，推动政府数据资源的云聚合、共享和应用。政府战略和政策的制定需要准确把握实际情况，跟踪实施过程，及时了解实施效果，从而做出科学预测和灵活调整。大数据使决策基础从部门细分转向信息协调，从定性考虑转向定量判断，从滞后反馈转向及时预警，从局部信息转向全局信息，大数据的思维和手段可以促进政府资源的整合和数据的交流、开放和有效利用，从而有效改变政府治理模式，为政府科学决策提供有力支持，最终提高政府的治理能力。

3.4.3　大数据推动应用创新与服务创新

以大数据推动应用创新和服务创新，主要是指坚持以应用需求和民生服务为导向，推进大数据信息资源与社会各领域的深度融合，鼓励大数据在社会各个领域进行开发利用和模式创新，支持公共安全、医疗卫生、生态环保、社会保障、教育等社会民生项目。在此过程中，发挥政府在大数据应用中的引导作用，充分发挥市场主体作用，引导和鼓励社会各方参与，大力推进政府和社会信息资源共建共享、开发利用，形成优势互补、多元化参与、开放竞争的发展格局。

3.4.4　大数据推动制度创新

我国围绕大数据发展推进制度创新，探索适应政府信息化变化、推进大数据应用的新型管理机制，建立科学、合理、有效的评估机制，推动大数据在政府各部门的深入推广应用；落实资金保障机制，根据地方政府经济社会发展现状，科学预算、准确使用大数据建设和发展资金；构建有效的人才培养体系，抢占数据科学发展的战略制高点，为大数据产业发展提供人才保障。

第 4 章　我国大数据发展战略

4.1　我国大数据发展目标

"十四五"规划指出，要充分发挥海量数据和丰富应用场景的优势，促进数字技术与实体经济深度融合，赋能传统产业转型升级，催生新产业、新业态、新模式，壮大经济发展新引擎。大数据是数字化发展进程中不可或缺的部分，是国家发展数字经济的基础。为了实现我国各行业的数字化转型，需要推动包含采集、清洗、存储、挖掘、分析、可视化算法等在内的技术创新，支持企业培育数据采集、标注、存储、传输、管理、应用等全生命周期产业体系，加速大数据标准体系的完善。

4.2　我国各地大数据发展特征

大数据的发展离不开各级政府的大力推进，结合自身经济基础、产业结构特点与人力资源条件等要素，各地政府正在积极寻求发展符合本地特点的大数据产业形式，为我国大数据产业体系提供丰富的发展模式，形成"以地区特色为特征，齐头并进向前进"的发展势头。

1. 以经济和人才推动技术创新，引领行业发展方向

北京、广东、江苏是我国经济、科技与人力资源等领域先进的代表地区，这些地区在发展大数据方面具有天然的优势，凭借强大的经济、发达的科技与雄厚的人力资源，在核心技术、产品结构、产业体系等方面，制定了明确的发展目标，为全国其他正处于大数据发展初期和中期的地区提供了参考方向。从近年来这些地区的政策来看，北京提出建设"全国大数据和云计算创新中心、应用中心和产业高地"，江苏提出"争创全国领先、特色明显的国家大数据综合试验区"，广东提出"打造全国数据应用先导区和大数据创业创新集聚区，抢占数据产业发展高地，建成具有国际竞争力的国家大数据综合实验区"。

2. 以产业发展推动技术发展，稳中求进

以苏州、南宁为代表的落实型地区依托发达的产业，吸取国内外优秀的大数据发展经验，结合本地现状与地区特点，从发展方向与政策、公共基础设施、行业技术应用、产业模式创新、企业合作生态打造等方面，出台了明确的规划政策，以此加深大数据发展工作落实力度。南宁市政府对大数据产业的发展模式、商业模式及相关重大工程给出了详细说明，全面落实"规划与计划相结合，继承与创新相结合"的工作思路。

3. 以发达地区先进经验为指导，寻求新的发展契机

在国家大力发展大数据产业的号召下，各级政府制定了适合自己的大数据发展规划。根据自身产业基础条件现状，多数地区采取重点跟随策略，以发达地区的先进经验为模板，制定符合自己的发展规划，并逐一进行落实。各地政府正在借助大数据产业发展浪潮，寻求新的发展机会，提高本地企业的创新活力，优化产业结构，发展地区经济。

4.3 各地区政策解读分析

1. 大数据产业发展定位

在已发布大数据政策的地方政府中，约有 20 个省级或地市级政府明确提出了大数据产业的发展定位，涉及面向全球、面向全国、面向区域 3 个层面，包括人才、创业创新、数据资源聚集、应用、产业中心等不同类型。

2. 大数据产业创新特点分析

基于传统产业分类及大数据应用创新的特点，我们按照工业大数据、农业农村大数据、服务业大数据及新兴产业大数据等类别进行分析，其中，服务业可以细分为金融、电子商务、交通等领域。

工业仍是各地最为关注的大数据产业创新领域。55 个省级和市级政府部门中，有 39 个提到了工业大数据，占比约为 71%。大数据应用于工业研发设计、生产制造、经营管理、市场营销、售后服务等产品全生命周期、产业链全流程各环节，成为推进智能制造的重要手段。

农业农村是地方政府关注的大数据应用领域热点。有 33 个省级政府部门或地市级政府部

门提到农村农业大数据，占总数的 60%。重点应用在农产品质量安全追溯、农产品产销信息监测预警、农业自然灾害预测预报、动物疫病和植物病虫害监测预警等方面。

大数据在服务业拥有广阔的应用空间。互联网金融、数据服务、数据材料、数据制药等新业态成为新热点，各地积极培育新技术、新产品、新业态和新模式。

从各地发布的大数据产业政策文件来看，电力、教育、文化创意等领域的大数据产业创新受到的关注度不高，今后需要加大在这些领域的推进力度。

第二篇

大数据应用实践

第5章 政务大数据应用实践

5.1 概述

目前，我国城市发展已进入智能阶段，智慧城市建设在各级政府的支持下正在如火如荼地开展，其中一项重要的工作是利用大数据、云计算等技术，开展智慧化政务服务建设。2017年5月3日，国务院办公厅关于印发《政务信息系统整合共享实施方案的通知》，体现了政府对高效管理和方便的公共服务的迫切需求，最大限度为企业提供便利，该建议加快政务信息系统整合共享，促进国务院部门和地方政府信息系统有效实现互联互通，为政务信息共享平台建设设立了"网络通""数据通""应用通"三大目标。

全国各地正在加速推进政府公共信息大数据平台的建设，全面促进数据共享开放的价值释放，主要面向智慧城市建设的信息资源共享和开发需求，按照国家智慧城市建设相关标准，运用云计算、物联网、大数据等信息技术工具，协调整合各级各类数据库资源，构建统一的数据管理系统和数据中心，创建多层、可扩展、高安全的公共服务接口，有效支撑智慧城市应用系统的开发和运行，实现信息资源的高效开发和利用，建立公共信息交换和智慧城市应用开发机制，积极维护智慧城市的健康和高效。实现不同部门、不同系统之间的资源共享和业务合作，同时有效避免城市治理系统多方投资、再建、资源浪费等问题。

政府公共信息大数据平台的创建，旨在打破目前政府部门管理垂直、数据质量差、互通性弱的现状。融合政府各级部门、综合多种服务，搭建覆盖全市的大数据服务平台，可以大幅提高政务服务效率，为人民群众提供全方位、个性化、终身式的公共信息服务。

政府公共信息大数据平台的建设，立足构建城市大数据资源体系，全面推进政务数据资源整合及信息资源标准建设；探索建立城市大数据资源共享、交互和管理机制；逐步扩大城市数据交换共享范围；建立相关数据资源管理标准、出台政府数据交互共享和面向公众开放的制度规范及相关法规。

建设基于公共信息大数据共享平台的数字政府，集合海量的政务信息，推进信息交互共享，连接各部门的"数据孤岛"，使数据协同应用更加高效、实现实时数据交互；通过对智慧城市公共信息数据库进行建模分析，深度挖掘大数据关联性，为数字中国的建设提供多层次、高可靠的实时预测、预警、智能分析；基于大数据分析，可以为社会管理提供动态决策支持，提升决策水平，增强城市智慧化管理能力；为当地居民提供更加便捷、周全的生活服务。

利用大数据平台完善政府职能、创新政务服务、提升管理水平，已经成为各个城市政务工作的重要关注点。2018 年开始，已有多地政府在工作报告中提及"发展数字经济""智慧兴市""熟悉新理念、新技术、新商业模式，提高政府系统干部专业思维、专业素养、专业方法"等要求，通过大数据共享平台的建设提升工作水平、提高工作效率，为人民群众提供更好的公共服务。政府公共信息大数据平台的建设，对于推广"用数据改变公共管理，用数据提升决策水平，用数据构建政府与公众之间的关系"有着很好的增益。通过数据的交互共享，引导经济社会在运作过程中收集和开发数据，达到大数据和创新开发的相辅相成、共同进步。

5.2　行业大数据需求与特点

1. 政府行业大数据的特点

（1）部门之间存在壁垒，"信息孤岛"依旧严峻

由于地域、行业、部门的差异，部门之间的数据难以共享。一些部门将数据视为自己的内部资源，而部门利益、数据治理和控制等因素使其不太可能开放数据和共享资源。基于部门边界的政务信息管理模式造成许多相互隔离的"信息孤岛"。同时，还有大量纸质数据尚未导入信息管理平台。税务、民航、通信等部门相对独立，无法在同一个平台上访问不同的部门系统，与其他部门的数据横向对接仍然存在困难。在数据平台系统的建设过程中，由于不同部门选择的供应商不同，存在信息接口少、系统不兼容的问题，也会产生"信息孤岛"。

（2）信息管理标准不统一，数据交互存在阻碍

2018 年，贵州省率先批准建设大数据国家技术标准创新基地。2021 年，贵州省已编制两项国家标准和五项大数据地方标准。大数据标准化的任务依然紧迫，对应的大数据共享平台的国家级计划和标准文件的需求迫在眉睫，缺乏相关法律法规、政策标准导致权力责任不明，间接导致政府部门不轻易开放和共享数据。

（3）数据安全保障不足，部门职责模糊

政府的数据安全保障系统数据分类的等级规范还不完善，安全责任的分工、权属关系不清

楚，这种现状使数据开放目录不明确，无法形成数据共享系统。数据安全防护能力不足使数据的开放变得困难。

（4）数据创新意识淡薄，数据资源开发利用少

由于工作方向不同，政府部门对手中掌握的海量数据挖掘不深，对数据创新的思维模式和机制有待提升与完善。我国从几年前开始推进数字政府的建设，并取得了一些成果。例如，实行行政审查、提高认可效率、提高民生服务产品质量等，但在治理模式创新、思维模式转变、决策科学化方面仍需加快步伐。

2. 政府行业大数据应用需求存在的挑战

政府在进行大数据整合时，首先，要面对数据源的不同、数据集格式的不同及一些其他挑战。其中最大的难点是数据采集，其原因在于收集路径的不同，国家、机关、部门等数据来源不同，不同部门和机构之间存在数据交互。各级政府在法律法规的实施、公共服务的提供和社会经济的监督管理过程中积累了大量数据，可以用安全和多样性概括这种数据特性，它与公司运营过程中产生的数据有一定的区别。

政府机关或部门一般不希望建立自己的存储系统来保存公共或机密数据，也不希望共享自己的信息。各系统存储的信息相互独立，使政府机关和部门之间的数据、信息更加复杂。政府信息交互面临的难题是构建统一的数据格式，并使不同机构拥有分析权限。很多政府数据都遵循一定的规范，但是多通道、多源数据采集的难度仍然很大。

政府需要制定相关法律法规、安全和许可要求，这是大数据平台建设应用的前提。大数据的收集和使用与公民的隐私保护之间有明确的界限。政府大数据的基本属性是数据安全，因此必须特别注意大数据的采集、存储和使用环节的信息安全。确保金融行业和医疗行业等监管严格的行业信息的合规性，是政府大数据项目数据收集的一大挑战。

5.3 应用框架模型参考——智慧城市运营中心

智慧城市运营中心能够协调城市机构和资源，充分利用跨机构和部门信息，预见问题并做出有效决策，将异常中断对城市运营、服务的负面影响降到最低，协调机构间的资源并提供快速有效的应急响应，有效利用城市各机构和部门的信息，进行智能决策和事件预测。

智慧城市运营中心将聚焦城市发展中的薄弱环节，综合利用云计算、大数据、物联网等信息技术，充分发挥大数据平台对城市数据资源的聚合作用，开展城市大数据系统建设，建立大数据采集与交换、存储与组织、整合与计算、共享与服务、治理与管控、分析与应用、运营与支撑等体系，打造城市智慧管理中心，提供更智慧的城市治理和产业转型，为更智慧的民生服务打下坚实的基础。

智慧城市运营中心主要有以下 3 个作用。

1. 打造智慧城市标杆

展示具有地方特色的智慧城市品牌形象和文化内涵。城市政务、经济、文化、科技等成果将通过信息化的方式进行充分展示。

2. 构建城市运营中枢

将所有城市基础设施数字化，将离散单元的数据资源连通，对整个区域的城市运行情况进行全局分析和展示，以数据为基础进行城市建设的思考和决策。

3. 互动展示平台

未来的信息、数字内容、新业务、新应用、新产品、新服务等将以直观、便捷、生动、易懂的方式呈现给市民，让市民得以了解、感知和体验智慧城市建设带来的日常生活变化，体验数字化、智能化的智慧城市带来的成果。

智慧城市运营中心利用物联网、超宽带、云计算、大数据、人工智能等技术对数据进行整合，实现从现实世界的端点感知到信息层面决策的回路。某智慧城市运营中心平台架构如图 5-1 所示。

该智慧城市运营中心的平台架构包括以下 5 个层级。

计算存储设施层：基于云计算环境，包括计算、存储和网络资源并完成虚拟化等。

数据源层：包括电子政务信息资源共享平台、办公信息系统、互联网数据等。

数据支撑处理层：包括批量数据、数据采集、数据交换、数据集成、数据挖掘、数据仓库、实时数据、数据分析、数据展现、数据资源目录、模型算法库，以及 2D/3D 地理信息系统（Geographical Information System，GIS）等。

数据应用层：显示运行城市状态，包括分析决策、监测预警、联动指挥、事件管理等。

数据展现层：包括运营展示大屏、领导驾驶舱、移动端展示等。

数据展现层	运营展示大屏		领导驾驶舱		移动端展示		
数据应用层	分析决策		监测预警		联动指挥		事件管理
	经济	人口	火警	污染	联合行动	应急指挥	城管	环保
	交通	安全	灾害	……	应急预案	应急流程	信访	……
数据支撑处理层	批量数据	数据采集	数据交换	数据集成	数据挖掘	数据仓库
	实时数据	数据分析	数据展现	数据资源目录	模型算法库	2D/3D GIS
数据源层	电子政务信息资源共享平台		办公信息系统		互联网数据	
计算存储设施层	计算资源	存储资源	网络资源	虚拟化
	云计算环境			

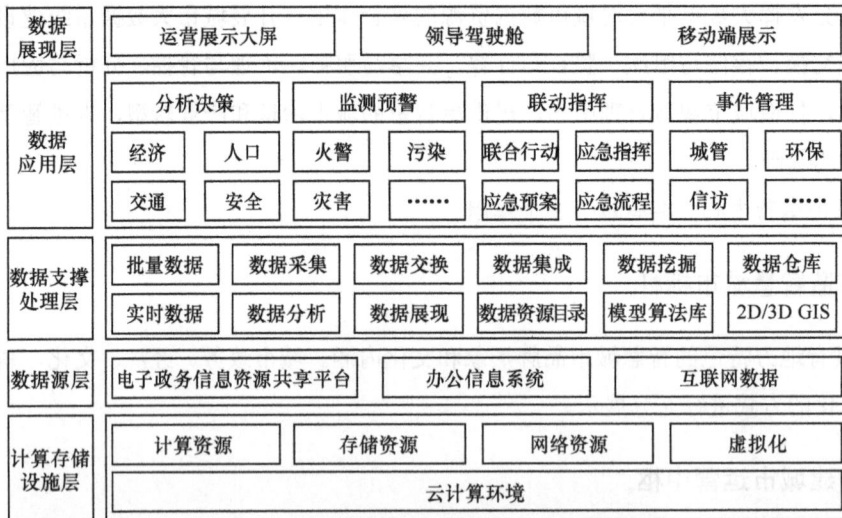

图 5-1　某智慧城市运营中心平台架构

整个智慧城市运营中心应用平台架构以标准化体系、信息安全体系和运营维护体系为基础。

智慧城市运营中心的应用领域分为常态管理和应急态管理两大类，决策支持和事件管理属于常态管理，监测预警和应急指挥属于应急态管理。城市仪表盘可以提供城市正常和紧急情况下的运行概况，呈现城市运行指标，发出告警，展示工作流程、实时监控、即时通信等信息。

智慧城市运营中心可以从宏观到微观，多方位、多维度感知和呈现城市的运营情况。其不仅可以展示土地规划、经济、交通、人口、生态环境等城市运行的关键指标，还可以展示指定区域的建筑、消防、环卫、能耗、舆情等业务数据，同时还能实现实时监控城市的基础设施，例如，路灯、井盖、水、电、暖、气等管线分布态势及运行状况，甚至定位到指定的基础城市设备终端，查看细节信息。

智慧城市运营中心可以对城市大数据进行多模态、多方位的分析，并将分析结果进行展示。针对城市管理工作中的一些难点问题，基于数据，寻求合理、科学的解决方案，辅助生成决策方案。例如，基于企业画像和预测模型对风险企业进行预警，辅助管理者制定区域经济政策；针对人口变动、流通引起的基础设施需求变化，合理进行市政规划，高效利用社会资源。

智慧城市运营中心可以较好地应对跨部门事务的分配和处理，从事件全局出发，监控事件处理过程，优化处理流程，并评估整个流程的完成情况与环节的重要性，从而提高跨部门事务的处理效率。智慧城市运营中心并不是取代各部门的系统进行事件管理，而是实现跨部门工作流的对接。通过相关事件的数据采集与整合，可以根据已有事件预测即将发生的事件，让城市部门层面的事件管理更加智能化。

智慧城市运营中心对各部门管理系统的报警信息（例如，地质灾害、暴力事件、恶劣天气、特大交通事故、爆炸危险源、火灾险情等）进行收集过滤，并对信息进行多维度分析，根据报警情况判断事件背后是否存在风险或警报升级情况，确定警报风险等级并通过不同的方式进行处理。

应急指挥系统针对重大事件发生情况制定应急预案，并在事件发生时迅速进行指挥调度。智慧城市运营平台的建设，可以实现数据的整合和业务流程的畅通，实现应急指挥过程中抢险、救援等资源的查询、定位和统一调度，协同不同部门、不同区域、不同行业"作战"，提高事件响应速度，从而减少或者避免事件造成的损失。

智慧城市运营中心的建设在实施过程中产生了以下 6 个突破。

（1）在系统应用上突破

进一步提升城市数字化、信息化延伸能力，利用信息化在城市管理中的支撑与促进作用，依托互联网和物联网技术，实现执法手段的创新，提高执法效率，提升综合执法监管能力。

（2）在运行机制上突破

进一步扩大信息采集的覆盖范围，并提升采集的精准度，使城市管理更注重细节。进一步优化考评模型，力求更加真实地反映各责任单位案件处置和管理情况，增强责任单位处理案件的积极性和主动性。

（3）在运行效能上突破

进一步提升城市管理问题的监管能力，加强重点路段、区域、时段的监管采集力度，突出媒体报道、领导批示、群众举报等重点事务的应对能力。加强与责任单位沟通协调，解决职责不清问题。

（4）在应急机制上突破

进一步提升应急响应能力，研发智慧城市管理应急处置系统，增强处置突发事件的针对性和有效性，提升应急指挥和处置效率。强化重大活动期间问题排查和督导工作，保障秩序顺畅。根据季节性特点，适时开展市容市貌专项信息采集工作，确保市容环境和市民出行安全。

（5）在为民服务上突破

进一步提升社会服务水平。以"拓功能、重实效"为原则，建立便民基础设施，完善便民服务功能，打造智慧公共服务的形象品牌。

（6）在数据分析上突破

进一步提升精准的分析和决策能力。在数据收集上，收集不同行业、不同部门的多渠道的数据信息，整合形成完善的数据库；在数据处理上，在海量的数据中挖掘处理有效信息，在快速分析、快速处理的基础上为科学有效的管理决策提供保障；在数据交互上，通过数据共享、部门协同，来解决城市管理中行业、部门沟通不畅、数据不通的问题。

5.4 政府行业应用趋势分析

近年来，政府大数据平台建设的相关政策纷纷发布，智慧城市发展战略得到各地的广泛响应，政府大数据产业得到了快速增长，其主要带来以下 3 个方面的机会。

1. 布局集中化数据中心的建设

数据资源集中在中心城市的数据中心是一大发展趋势，加快集中化的数据中心建设，促进电子政务数据横向对接、数据交互、高效管理、数据高可靠，为后续数据赋能应用提供坚实的基础。

2. 强化政府数据综合治理

政府需要重视数据管理工作，建立一个安全可靠的数据中心并有相应的数据管理能力。安全、交通、公众舆论是数据安全管理需要重点关注的方向。加强这些领域的数据安全，将在构建全球监管的同时进行数据管理。

3. 加快新技术与政府业务融合

结合人工智能、5G 等新一代信息技术，挖掘政府运行过程中的潜在业务并进行优化，从而引导政府发布新项目。例如，针对接待部门，基于自然语言处理技术的应用可以自动识别和分类访问信件，提高办公效率。在未来，典型的开放类框架合作将成为业务发展的趋势。

交通行业大数据应用实践

6.1　概述

2019 年 9 月，中共中央、国务院印发《交通强国建设纲要》，要求各地根据实际情况实施。该纲要是国家制定的全面推进建设交通强国的规定，其中运输建设分为以下两个阶段。

第一阶段：2020 年，完成决胜全面建成小康社会交通建设任务和"十三五"现代化综合交通运输体系发展规划的各项任务，为交通强国建设奠定坚实基础。

第二阶段：从 2021 年到 21 世纪中叶，这一时期继续细分为两个阶段。①到 2035 年，基本建成交通强国。现代化综合交通体系基本形成，人民满意度明显提高，支撑国家现代化建设能力显著增强；拥有发达的快速网、完善的干线网、广泛的基础网，城乡区域交通协调发展达到新高度；基本形成"全国 123 出行交通圈"（都市区 1 小时通勤、城市群 2 小时通达、全国主要城市 3 小时覆盖）和"全球 123 快货物流圈"（国内 1 天送达、周边国家 2 天送达、全球主要城市 3 天送达），旅客联程运输便捷顺畅，货物多式联运高效经济；智能、平安、绿色、共享交通发展水平明显提高，城市交通拥堵基本缓解，无障碍出行服务体系基本完善；交通科技创新体系基本建成，交通关键装备先进安全，人才队伍精良，市场环境优良；基本实现交通治理体系和治理能力现代化；交通行业国际竞争力和影响力显著提升。②到 21 世纪中叶，全面建成人民满意、保障有力、世界前列的交通强国。基础设施的规模和质量、技术装备、科技创新能力、智能化与绿色化水平位居世界前列，交通安全水平、治理能力、文明程度、国际竞争力及影响力达到国际先进水平，全面服务和保障社会主义现代化强国建设，人民享有美好交通服务。

6.2　行业大数据需求与特点

大数据应用在交通行业还存在一些问题，例如数据信息分散化、数据存储成本高、难以存储等，各地信息采集的标准依据当地的规定，格式并不统一，加深了信息分析的难度。大数据背景下交通大数据的应用框架从底层到上层依次为感知对象层、全面感知层、网络通信层、中心平台层、综合服务层、服务对象层。

1. 感知对象层

感知对象分为个体出行、营运车辆、交通管理、静态系统。感知对象分类见表6-1。

表6-1　感知对象分类

感知对象	分类
个体出行	小汽车、非机动车、行人等
营运车辆	公交车、出租车、货车等
交通管理	交通警察、警用车辆、警用系统等
静态系统	交通枢纽、道路、停车场等

2. 全面感知层

传统数据采集方式包括感知线圈、微波雷达、视频监控、公交智能卡、车载全球定位系统，新型交通数据采集方式（例如，智能手机、车联网方式、北斗系统、互联网等）。全面感知层结合传统的数据采集技术和信息时代下新的交通数据采集技术，将采集到的数据进行共享和集成，其中包括结构化数据、音频、视频、文本、图片等新型数据，并进行存储、清洗和处理。全面感知层收集的数据类型应包括动态交通流数据、个人出行位置数据、基础设施状态数据、车辆状态数据和外部环境数据。

3. 网络通信层

在网络通信层，移动通信2G/3G/4G/5G、专用短程通信、Wi-Fi及光纤通信系统等将全面感知层的数据传输到中心平台。

4. 中心平台层

依据数据中心平台、GIS服务平台、Web应用平台、数据存储平台、数据共享平台、系统管理平台、数据可视化平台等进行数据挖掘、处理和利用。

5. 综合服务层

交通大数据经过收集、集成、清洗、处理、存储后，可以应用这些数据，并分为交通行业基础应用和高级应用。基础应用包括多源数据集成融合系统、交通视频监控系统、交通运行状态监测系统、交通流预测预报系统、重点车辆监控系统、设备运行维护系统。高级应用包括信号控制系统、交通诱导系统、特勤服务系统、稽查布控系统、应急救援系统和共享发布系统。

大数据技术应用于智能交通领域，可以有效地与道路监控系统结合起来，通过模式识别技术记录和传输交通状况，而数据处理中心在接收数据后，会立刻应用大数据挖掘技术及处理技术自动调节各路口的红绿灯指挥系统，从而缓解道路的车辆拥堵情况。大数据技术还可以对比与分析不同时间段道路状况，明确城市的重点路段，针对这些重点路段加强监控并利用路面状态指示器向人们展示道路动态信息，规划路线，有效进行交通疏导，缓解城市的交通系统压力。

6. 服务对象层

交通大数据可以服务的人群有政府决策者、交通管理者、企业运营者、科研工作者、公交车、出租车、小汽车，以及骑行出行者、步行出行者。例如，实时监测各站点的客流量，通过使用大数据更加合理地完成对相关资源的配置，同时为出行者提供相应的移动终端等媒介，让出行者可以获得公共设施的实时运行状况。

6.3 应用框架模型参考——智慧交通大数据平台

智慧交通大数据平台如图 6-1 所示。

为综合交通提供运输服务，需要全面监测城市道路交通状况、交通流信息和交通违章信息，并收集、处理和分析大量的实时监测数据，城市道路交通变得越来越复杂。交通流特征随着时间变化，呈强烈的区域相关的特点。因此，智慧交通大数据平台应该支持低时延和高并发事务；公共交通信息发布的及时性要求较高，这要求智慧交通大数据平台具备高可用性和高稳定性。

面对海量数据，智慧交通大数据平台不能仅仅依靠机器升级（放大、垂直扩展），来满足快速增长的数据量，它在扩展业务的同时必须满足性能和存储（包括结构化、非结构化和半结构化数据）的要求；由于业务需求的多样性，智慧交通大数据平台不仅支持交通数据流的实时分析和处理，也满足复杂的查询和深入分析所需的高性能和低时延的要求。在大规模的集群环境中，智慧交通大数据平台不能依靠硬件来保证容错性，应考虑更多的软件容错，提高系统的可用性。智慧交通大数据平台是一个巨大的系统，子系统之间的数据交换、共享和服务集成是非常重要的。同时，智慧交通大数据平台需要支持迭代开发，并不断更新 / 添加功能。

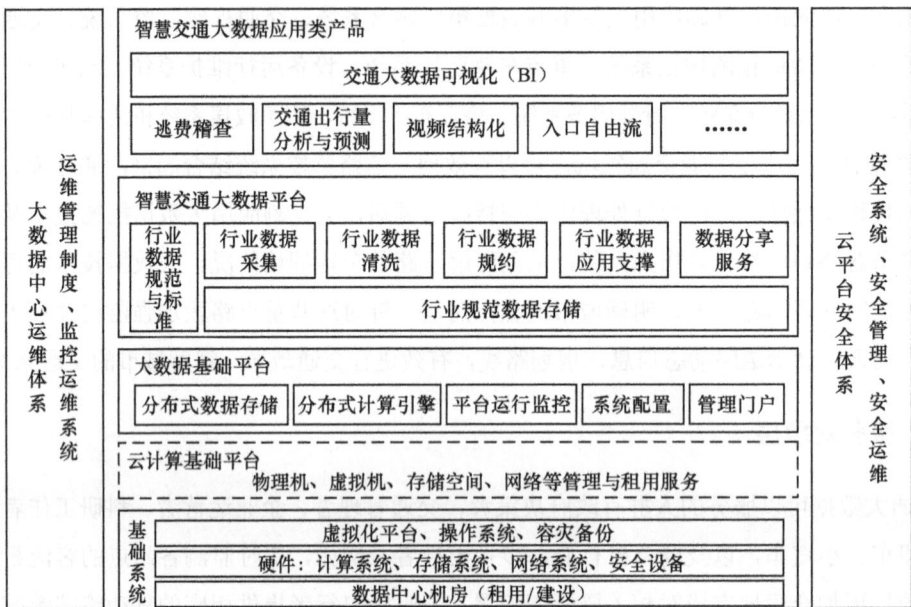

图 6-1　智慧交通大数据平台

6.4　交通行业应用趋势分析

针对交通行业大数据的发展趋势，本节提出交通行业的应用趋势，即基于大数据技术对城市交通状况进行更快、更准确的分析和预测，全面洞察影响交通的关键因素，分析城市交通拥堵的原因，并根据分析结果进行宏观调控。

便捷交通的根本目标是要提高交通设施的使用效率和服务水平，使人们的交通活动更加便利、顺畅。为了实现这一目标，基于"互联网＋"便捷交通的未来发展方向，应着力做好"基础平台体系搭建"和"两项能力提升"。

"基础平台体系搭建"包括智能感知体系、信息协同体系和多元管理体系的搭建。所谓智能感知体系，是指利用物联网技术、各类传感器等智能监控设备和空间地理信息服务平台，形成全领域覆盖的智能交通感知网络，实现公路、水路、铁路、民航、客货运枢纽、运输设备和城市交通等交通网络设施运行状态及通行信息的实时采集。信息协同体系是指通过跨层级、跨区域的交通运输综合数据中心与基础平台建设与运营，推动跨地域、跨类型交通信息互联互通。

多元管理体系是指在信息交互共享的基础上，跨地区、跨部门在交通管理内容和范围上各司其职、有效分工、无缝衔接，最终实现交通管理的全局化。

"两项能力提升"包括交通服务能力提升和行业管理能力提升，交通服务能力提升主要是基于交通信息服务平台，借助移动终端、智能设备等为社会大众提供信息查询、自助服务等交通服务，例如，掌上公交、出租车智能调度、运输方式运行信息、换乘信息及各类停车场车位信息的整合共享与服务，还包括电子不停车收费、公共交通一卡通、移动支付、电子客票和电子检票等。行业管理能力提升主要是借助大数据技术和线上到线下（Online to Offline，O2O）的管理服务模式，优化交通设施建设、控制安全运行，做出运输管理决策，实现基于互联网的交通行政许可办理、综合执法、市场监管、安全应急处置等交通监管新模式的创新，加强对交通运输违章违规行为的智能监管，提高交通运输治理能力。

第7章 金融行业大数据应用实践

7.1 概述

随着大数据技术的不断发展且广泛普及，大数据技术在金融行业的应用已成为必然趋势。大数据技术主要用于交易欺诈识别、用户精准营销、"黑产品"防范、消费信贷、信用风险评估、股市和股价预测、智能投资顾问、保险欺诈识别、风险定价等。金融行业大数据应用主体主要涉及银行、证券、保险等多个领域。金融机构的业务竞争越来越激烈，要想在市场竞争中占据有利地位，就必须掌握竞争核心要素，大数据技术就是核心要素之一。

毫无疑问，金融行业大数据的发展拥有广阔的前景，蕴含了巨大的潜力。金融行业大数据应用也面临一系列制约其发展的因素，主要包括管理者的数据资产管理水平不足、对原有技术的改造难度很大、相关行业标准缺失或不规范、政府安全管控压力大、政府对相关的政策保障不足等。要想突破这些制约因素，让金融行业大数据得到更好的发展，就需要从政策、能力、标准、应用合作等方面入手，以强化应用基础能力与完善产业生态环境为总抓手，在政府主导与市场多方参与的情况下推动金融行业健康发展。

在银行领域，银行利用大数据技术建立关系图谱，通过关系图谱实现对风险的分析与把控。关系图谱的建立主要包括各企业之间的投资、控股、借贷、担保关系及股东和法人之间的关系等。关系图谱将细碎的信息有机地组织起来，让数据与数据之间建立连接，使数据具有更大的价值与可理解性，让使用者更便于对数据进行搜索、挖掘、分析等。关系图谱以核心企业为据点，将其供应链数据进行数据建模，通过数据模型分析供应链企业之间的联系情况，通过数据比对，考察供应链的异常情况，还对供应链进行大数据分析，形成相关供应链的风险与健康评估数据，为企业贷款风险评估提供依据。

在证券领域，证券企业通过大数据技术对市场行情进行预测，主要实现方法是对相关市场数据进行采集、处理、分析，解读背后的市场发展趋势。市场数据包括对海量个人投资者进行持续性跟踪与监测形成的收益率、持仓率、资金流动情况等一系列数据，这些数据反映了个人投资者交易行为的变化及投资信心的状态变化。

在保险领域，保险企业利用大数据技术，挖掘数据背后的理赔规律，从而显著提升对违法"骗保"行为识别的准确性。在大量的赔付事件中进行筛选，找出其中的疑似骗保行为。保险企业再对疑似骗保行为展开调查，有效地提高了工作效率。此外，保险企业还可以在合理范围内，通过大数据实现早期的风险监测，主要是结合内部及第三方机构和社交媒体数据进行早期的异常值检测，检测数据包括客户的健康状况、财产状况、理赔记录等，通过早期的风险检测，企业可以及时采取有效的防范措施，减少相关损失。

7.2　行业大数据需求与特点

7.2.1　应用需求

1．风险管理

数据对于金融机构具有十分重要的作用，相关数据包括用户信用信息、负债信息、业绩报告等。信贷业务风险与这些数据有着直接的关系，然而这些数据的来源复杂，数据量较大、数据类型多样。利用大数据技术可以更好地解决风控难题，收集全面、及时、真实的数据，分析数据相关性，挖掘数据背后的风险信息。金融机构依靠相关数据进行决策，提升对风险的识别能力，可以有针对性地调整相关的风险管理策略，提高自己的风险管理效率。

2．资源优化

金融资源对金融机构很重要。大数据技术在金融领域的应用提高了金融机构的资源优化能力，主要是通过优化金融服务体系，从而有效促进资源的优化配置，优化金融资源的融资和流动机制，简化金融业务流程，有效降低金融成本，提高金融融资效率。大数据技术可实现在线服务模式，形成低成本、高收益的投资渠道，为用户提供金融服务，为小企业融资创造了便利的条件，改善了小企业融资环境，为金融发展注入活力。

3．信息处理

金融机构需要投入大量的人力、物力和财力来整理和分析金融业务信息。过去，金融机构依靠传统的信息处理技术，在信息收集、分析和整理的过程中存在滞后时间长、成本高、效率低、信息获取有限等缺点。借助互联网平台的优势，互联网金融机构可以实现信息的快速获取，建立新的信息来源渠道。然而，互联网平台上的信息量非常大，信息的价值密度不高。传统的信息处理技术在提取数据价值时，工作效率低、生产成本高。大数据技术可以提高金融机构对相关信息的处理能力。金融机构大数据平台应用数据库和搜索引擎，提高了信息检索能力，创新了传统的财务信息收集模式，具有成本低、速度快、精度高等优点，极大地提高了财务处理效率。

4. 经营优化

通过大数据技术，金融机构运营者能够更加精准地了解业务数据，相关数据作为依据辅助经营决策，使经营决策更高效与更敏捷。同时，大数据也能使金融机构管理层更加了解员工的实际工作效率，制定相关的管理措施，实现组织激励。

7.2.2　数据安全

信息的保密性、完整性和可用性，是金融机构信息安全关注的重点，但在金融领域，信息安全事件的诱因变得更加复杂多样。现代商业模式对数据的过度挖掘和不良利用加大了用户隐私数据的泄露风险。大数据技术可以对不同数据源中的数据进行汇聚与关联分析，从中获取用户的行为轨迹，生成用户画像，为企业提供精准营销的依据。单点信息的价值不高、可利用性也较低，一般不会直接暴露用户隐私，在网络环境下，用户产生的各类数据会有累积性和关联性。利用大数据手段对这些数据进行采集、汇聚与关联分析，所得出的数据集在为金融机构带来更多商业价值的同时，也为用户带来隐私泄露的风险。

7.3　应用框架模型参考——金融机构大数据平台

金融机构大数据平台框架如图7-1所示。应用框架模型是一个综合性系统，包含数据处理、数据存储和数据采集等部分。数据处理模块能够处理数据，为金融机构管理层提供有用信息。数据存储模块包括线索预警库、问题库、指标库、业务数据库和模型库等，主要用于存储不同类型的数据。其中，线索预警库存储潜在的线索或警示信息，帮助用户及时发现潜在问题或风险；问题库存储已知的问题及其解决方案，以便在需要时进行参考；指标库存储各种关键指标的数据，以支持业务分析和决策制定；业务数据库存储与业务相关的数据，例如用户信息、订单记录等，用于支持日常运营和管理；模型库主要存储各种模型的相关数据和参数，以便进行模型训练和推断。数据采集模块通过多种方式收集数据，它可以利用现有的指标数据进行监测，例如销售额、用户数量等。此外，数据采集模块还可以通过线索检测，即主动探测潜在的线索或信号，以获取更多的数据；还可以通过监测特定的指标变化收集数据，以识别潜在的问题或进行趋势分析。

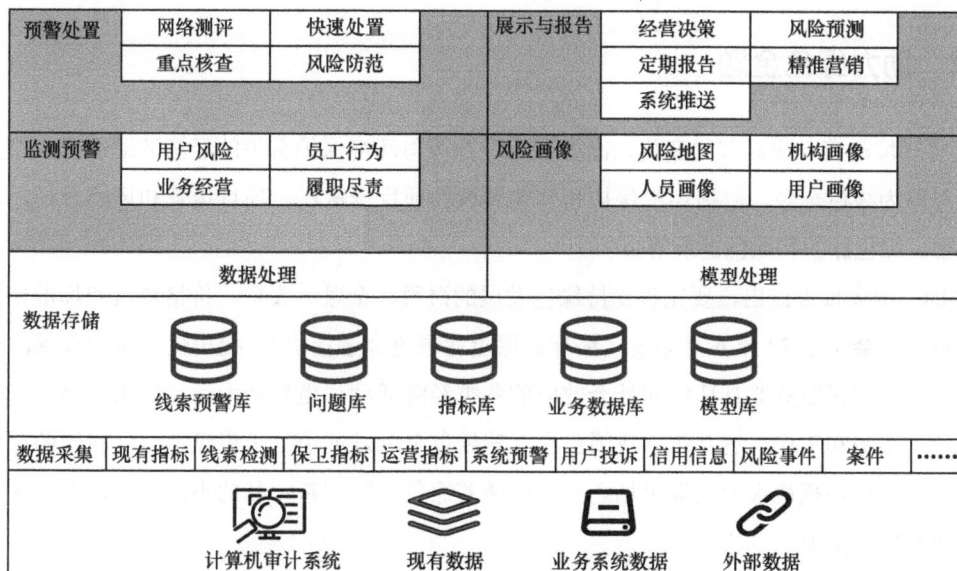

预警处置	网络测评	快速处置		展示与报告	经营决策	风险预测
	重点核查	风险防范			定期报告	精准营销
					系统推送	
监测预警	用户风险	员工行为		风险画像	风险地图	机构画像
	业务经营	履职尽责			人员画像	用户画像

数据处理	模型处理

数据存储

线索预警库　　问题库　　指标库　　业务数据库　　模型库

数据采集	现有指标	线索检测	保卫指标	运营指标	系统预警	用户投诉	信用信息	风险事件	案件	……

计算机审计系统　　现有数据　　业务系统数据　　外部数据

图 7-1　金融机构大数据平台框架

金融机构依靠大数据平台可实现精准营销，大数据平台通过收集用户数据，并对用户聚集分类，形成分类的用户群体，用户数据主要包括浏览记录、购买途径、消费信息等。针对不同的用户群体，打造个性化的产品营销服务，为用户解决问题。

金融机构大数据平台不再局限于仅依靠贷款人财务报表信息进行风险分析的方式，而是采用动态监控方式，对用户资产价格、账务流水、相关业务活动等流动性数据进行监控。用户的动态数据更符合对其自然属性与行为属性的概括，同时结合用户行为分析、信用度分析、风险分析、资产分析等方式，提高了用户的透明度，完善了风险防范制度。

金融机构大数据平台不仅对用户进行风险分析与监控，同时也助力金融机构对员工行为、业务流程、日常办公等进行分析监控。大数据平台可优化金融机构的各种内部流程，提供丰富的数据渠道，缩短信息收集与反馈时间，提高金融机构的运作效率。通过大数据平台分析，金融机构可准确找出内部管理的缺陷，从而制定有针对性的改进措施，采用符合自身特点的管理模式，降低内部管理的运营成本。

7.4　行业应用趋势分析

7.4.1　助力绿色金融

支持环境改善、应对气候变化、高效利用资源等与环境保护有关的经济活动所提供的金融服务，可称为绿色金融，包括环境保护和节能领域的项目投融资、项目运营和风险管理，以及清洁资源、绿色旅游和绿色建筑等。

党的二十大报告提出，要完善支持绿色发展的财税、金融、投资、价格政策和标准体系，且中国银保监会于 2022 年 6 月印发《银行业保险业绿色金融指引》，提出促进银行业保险业发展绿色金融，积极服务兼具环境和社会效应的各类经济活动，更好助力污染防治攻坚，有序推进碳达峰、碳中和工作。近几年，我国已在全球绿色金融发展中处于引领地位，我国的绿色债券市场已是全球规模最大的债券市场之一。伴随着绿色金融创新产品的不断涌现，各地绿色金融工作也在持续推进。

7.4.2　数据特点发展

未来，数据流通将更加快捷、安全，流通机制将更加完善，金融机构将轻松地从电信、电子商务、医疗、旅游、教育和其他行业中获取数据。一方面，跨行业数据的获取极大地促进了金融数据与其他行业数据的融合，改善金融机构的营销和风险控制模式。另一方面，跨行业数据融合将产生新的跨行业应用，丰富基于场景的金融产品，并进一步与其他行业融合。

鉴于数据的高价值、无限复制、可流动等特性，数据安全管理面临新的挑战。因为对金融机构的网络恶意攻击不断出现，隐私数据被窃事件屡禁不止，所以金融机构迫切需要进一步提高对数据安全的管理能力。

第 8 章　医疗行业大数据应用实践

8.1　概述

随着医疗信息技术的发展，越来越多的医院使用各种医疗信息系统，例如医院信息系统（Hospital Information System，HIS）、电子病历（Electronic Medical Record，EMR）等，开展医疗服务。因此，医疗领域产生了大量的医疗数据，医疗行业大数据正逐渐从理论和概念向应用和实践转移。医疗行业大数据的应用和发展将促进医疗模式产生革命性变革，能够扩大医疗资源供应，控制医疗成本，提高医疗服务的运营效率和质量，满足多元化、多层次的医疗需求，培养新的商业形式和经济增长点。

目前，我国医疗行业大数据的发展已有一个良好的基础，但也存在一些问题，例如，缺乏临床医疗整个生命周期的数据、缺乏跟踪数据和报警数据等。因此，应全面加快医疗行业大数据基础设施建设、促进医疗行业大数据应用系统建设，并积极推动互联网医疗发展、大力促进医疗行业大数据的研究和应用，努力创建一个新的医疗服务系统。

8.2　行业大数据需求与特点

从数据格式、内容和来源的角度分析，医疗行业大数据具有海量性、多态性、微观性、隐私性、可追溯性、全面性和冗余性等特点。

1．海量性

理论上，医疗行业大数据可涉及一个国家或地区的全部医院或所有人群，具有 TB 甚至 PB 级的数据量，也可以只是一个地区的几家医院或一部分人群的数据，甚至只是一个医院的全部临床医疗数据。现实状况是，一家中型医院一年的医疗数据（包括影像数据）就可达到几十 TB，删除主要的影像数据后，仍有大概数百 GB 以上的数据量，且医院很多年的数据或临床科室数据已互联互通，不是单个部门的数据。

2. 多态性

医疗行业大数据的表达格式包括文本类型（例如，人口特征、医嘱、用药、临床症状描述等数据）、数字型（例如，实验室部门的生理数据、生化数据、生命体征数据等）和图像型（医院内的各种成像检查，例如 B 超、CT、MRI、X 射线和其他图像数据）。多态性医学数据是区别于其他领域数据的最基本和最重要的特征之一。

3. 微观性

医疗行业大数据是针对每个人的医疗健康大数据的集合。人口统计学特征、行为特征、诊断和治疗经验、体检数据、饮食数据、运动和睡眠数据的集合构成医疗大数据。因此，整个医疗行业大数据天然具有微观性。

4. 隐私性

医疗行业大数据中的隐私保护应注意两个方面：一是用户身份、姓名、地址、疾病等敏感信息的保密性；二是分析私人信息后获得的数据的保密性。

5. 可追溯性

个人医疗大数据包括一个人出生、婴幼儿保健、疫苗注射、入学体检、工作体检、就诊、住院、饮食、运动、睡眠、死亡等一系列生命过程产生的数据。许多临床数据也是按时间序列排序的。例如，心电图数据是连续时间的观察数据。许多慢性病也需要通过跟踪数据来分析病因。

6. 全面性

医疗行业大数据通常涵盖广泛的个人健康信息，不仅包括身体健康信息，还包括心理健康信息、社会适应信息和道德品质等。各种信息相互依存，相辅相成。

7. 冗余性

医疗行业大数据记录了大量相同或相似的信息，例如，常见疾病的描述信息、与病理特征无关的检查信息。

8.3　应用框架模型参考——健康医疗大数据平台

医疗行业大数据应用场景丰富，以健康医疗大数据平台为例，该平台利用 Web 网站、手机 App、自助问诊机、微信公众号等方式，面向基层医疗机构、互联网医院及卫生管理机构（包含互联网诊疗服务平台、远程医疗服务平台、互联网诊疗监管平台）提供服务。健康医疗大数据平台架构如图 8-1 所示。

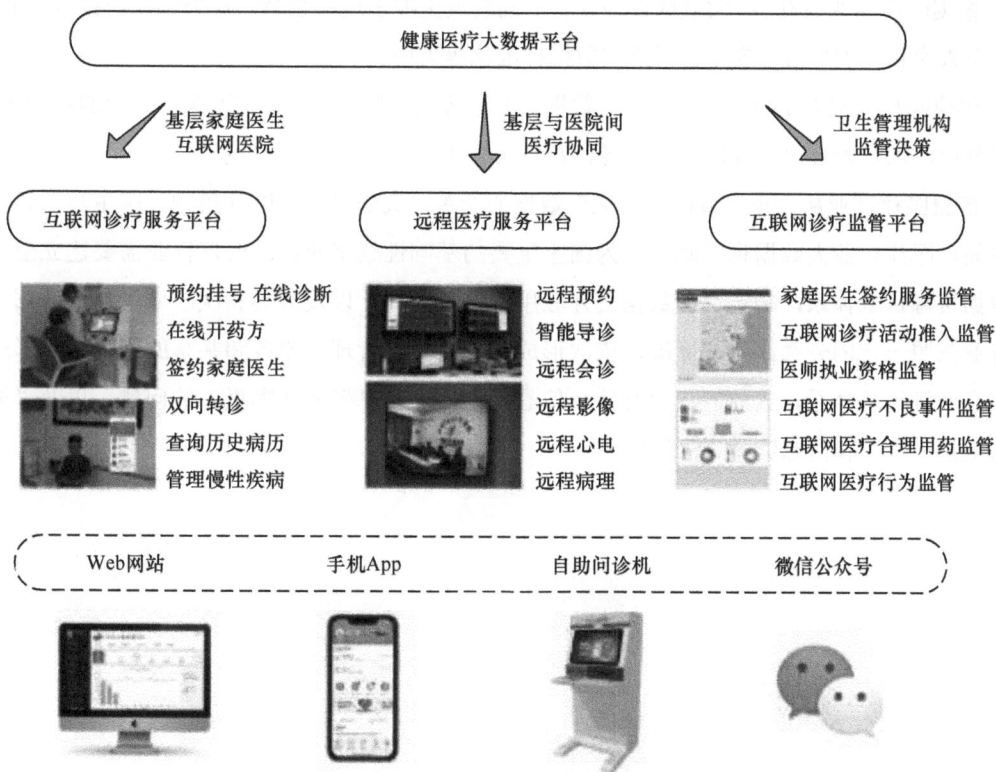

图 8-1　健康医疗大数据平台架构

互联网诊疗服务平台利用互联网平台为患者提供诊疗服务，患者可以通过该平台进行预约挂号、在线诊断、签约家庭医生等，医生通过该平台在线开药方、双向转诊、查询历史病例、管理慢性疾病等。

远程医疗服务平台利用互联网远程服务的特点，为患者和医生提供远程预约、智能导诊、远程会诊、远程影像、远程心电、远程病理等服务。

互联网诊疗监管平台能够对网络医学的所有角色和行为进行监管，包括家庭医生签约服务监管、互联网诊疗活动准入监管、医师执业资格监管、互联网医疗不良事件监管、互联网医疗合理用药监管、互联网医疗行为监管等。

8.4 医疗行业大数据应用趋势分析

根据医疗行业的发展，大数据在医疗行业的发展主要表现在智慧医疗平台与新技术的融合、患者个人隐私保护与信息安全、医疗大数据标准化等方面。

健康医疗大数据平台与互联网、大数据、人工智能等技术结合，实现医疗问诊的智能诊断、智能分诊，以及处方优选等功能，改善患者的就医环境，提升患者的就医体验。

健康医疗产业从"小"数据到"大"数据的变革，突破了以往医疗机构、医生与患者的狭窄空间，医疗行业大数据也因此上升为国家重要的基础性战略资源。医疗行业需要建立全国医疗数据资源目录体系，制定保密数据公开应用的政策法规，以及分类和次区域医疗大数据。医疗行业按照一定的分类结构和标准，依次形成的信息资源管理、服务和共享的信息组织形式构成信息资源目录体系，其能解决"有什么信息资源""信息资源在哪里"的问题，以及"如何获取信息资源"和信息资源的管理与应用。

第 9 章　市场监管大数据应用实践

9.1　概述

2021 年 11 月，工业和信息化部发布《“十四五”大数据产业发展规划》，旨在充分运用大数据的先进理念、技术和资源，加强对市场主体的服务和监管，推进简政放权和政府职能转变，提高政府治理能力。这份文件的目标是释放数据要素价值，推动产业生态良性发展。

维护市场秩序是政府的基本职能，是市场经济高效运行的基本条件。市场监管体制改革是全面深化改革的重要环节，在创新市场监管体制试点的探索及推广过程中，逐渐建立起统一与综合的市场准入与监管机制。但是，由于复杂的市场主体、多样的市场行为、繁杂的经营模式等因素，政府市场监管面临着新的难题与挑战。政府同企业、公众等在资源、知识、权力等维度不对称。因此，在监管过程中，一方面增加了政府的监管成本，另一方面也增加了企业之间的交易成本。

大数据技术在市场监管方式、流程及结果等方面进行创新是为了找出政府在市场监管过程中存在的共性问题，弥补监管漏洞，提升市场监管效率。同时，大数据技术还可以用于政府治理的过程和结果，能够节约成本，减轻政府的工作压力。

9.2　行业大数据需求与特点

9.2.1　行业需求

1. 统一的监管信息平台

统一的监管信息平台实现监管部门之间的信息共享，打破了“信息孤岛”。监管信息平台充分利用人口基础信息数据库、法人基础信息数据库、企业信用信息披露系统等信息资源，建立统一的信用信息系统，整合多个部门的信息资源，实现信息共享。

建立实时监督机制，实现全覆盖的监管。"互联网＋"监管模式能够促进智能有效的市场监督，实现全面、实时监督，通过大数据可将市场准入、质量监管、市场监管、消费者权益保护、食品安全等信息数据记录在监管信息平台，存储完整的监管过程。

加强企业信用信息的公开和释放。市场主体信用信息公开系统可提高市场的透明度，实施非法和不诚信的企业名单制度，鼓励和引导企业自愿分享公共信息，还提供信用信息社会化的公共服务，让公众多角度理解市场主体信用的状态。

2. 政务信息资源共享

基于政府信息资源目录的政府信息资源共享平台，可梳理整合各部门政府信息资源，开展相关政府信息资源的收集、交流、开发和利用，实现政府信息资源跨部门统一管理、有序共享和综合利用，为市场监管提供基础数据支持。

3. 创新准入监管

依靠政府信息资源共享平台、网上营业厅等，建设更多的联办辅助系统，实现在线联办。例如，申请人使用电子工商登记制度，依靠银行证书验证身份，采用全电子形式申请材料，提交申请注册，并在线登记申请复审，从而获得营业执照批准。

4. 创新事中事后监管

政府信息资源共享平台的开发实现了协调监管体系和信用监督制度等，实现每个系统之间的高效安全对接，支持协作监管、信用监督和事后监督模式。

9.2.2 数据归集特点

1. 准确性

数据归集的前提和基础是数据的准确性。在市场监管中各系统可能彼此不完全连通，但部分业务线重合，导致出现一个数据多个源头的问题。为了实现各系统的无缝对接和数据的共享融合，需要保证归集数据的准确性。

2. 实时性

在市场监管数据中，除了历史数据，还存在大量的实时数据，在实现市场监管相关历史数据全量归集的同时，必须满足增量数据的实时采集，提高数据归集系统的动态更新频率，以满足各监管部门和社会主体对各种数据的查询与使用需求。

3. 共享性

政府数据的开放与共享是数据归集的最终目标。市场监管信息按照共享类型分为提供给公众、法人和其他组织的可开放数据资源、提供给所有市场监管相关部门共享使用的无条件共享数据资源、提供给相关部门共享使用的有条件共享数据资源和不宜提供给其他部门共享使用的市场监管信息等。

4. 安全性

数据安全问题是市场监管的核心问题之一。市场监管数据涉及各级政府部门、企业及法人代表等主体，具有极高的机密性，因此对数据的使用要有隐秘性和使用限制，同时要加快在市场监管数据归集过程中的管理，提高数据在传输过程中的安全性，保障数据相关者的合法权益，维护国家利益和社会秩序。

9.3　应用框架模型参考——市场综合监管大数据平台

市场综合监管大数据平台通过其他对接系统、互联网、客户端、线下采集等方法获取基础数据，数据种类包括市场主体信息、市场执法信息、企业处罚信息等，将获得的海量的基础数据进行存储、处理、加工、转化，并生成数据集，对数据集进行挖掘、建模、可视化后生成可供决策者使用的决策数据。市场综合监管大数据平台可以实现对市场监管的全过程数字化与智能化，使市场监管更加全面与清晰。市场综合监管大数据平台架构如图 9-1 所示。

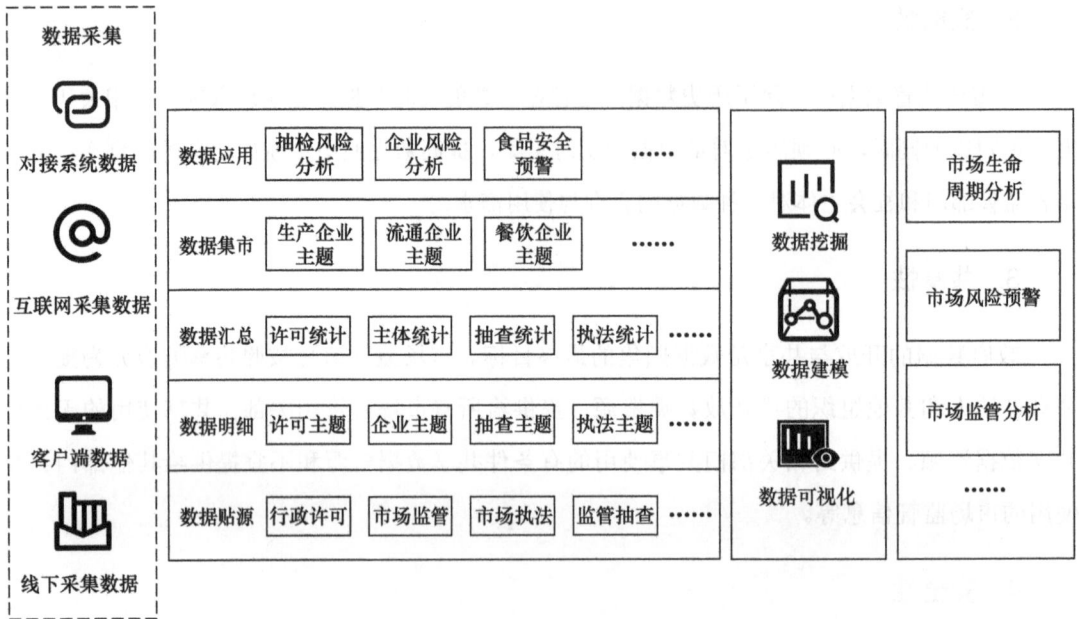

图 9-1　市场综合监管大数据平台架构

9.4　市场监管行业应用趋势分析

1. 多方参与

因为市场主体管理行为具有普遍性、信息分散、监管风险多样性等特点，所以在平衡好监管风险预防和控制、政府主导和市场主体经营风险管理的同时，也要鼓励和引导市场力量、社会力量加入市场秩序管理流程，形成多元化的市场监管和社会工作模式，从而促进信息共享的市场主体形成，引导市场主体加强主体责任，更好地发挥市场和社会力量的作用。

2. 全面监管

大数据技术应用到市场监管的全周期，可介入企业的准入、运行、监管、处罚、注销等过程。同时，对企业的监管不再局限于传统的违法事项，而是通过数据分析与挖掘找出企业的违法行为，使市场监管全方位无死角。

3. 数据有效共享

市场主体的分布具有区域性，但企业的经营活动往往是跨区域的，各地区的市场监管部门将不再局限于以自身所在地范围内收集的市场信息和数据来进行分析。市场监管部门将更加重视对跨部门、跨地区、跨层级数据源的采集与挖掘，从而拓宽数据的归集渠道，实现多源数据的共享融合，弥补局部区域数据的缺口，从源头强化数据采集。

第10章 **教育行业大数据应用实践**

10.1 概述

2021 年 12 月，中央网络安全和信息化委员会印发《"十四五"国家信息化规划》，提出提升教育信息化基础设施建设水平，完善国家数字教育资源公共服务体系，推进信息技术、智能技术与教育教学融合的教育教学变革，深化教育领域大数据分析应用，不断拓展优化各级各类教育和终身学习服务。加快建设中国教育专用网络和"互联网＋教育"大平台，构建泛在的网络学习空间，支撑各类创新型教学的常态化应用，推动优质教育资源开放共享，缩小区域、城乡、校际之间的差距，实现更公平、更高质量的教育。

大数据技术为教育行业带来了创新方式，教育部门发展大数据技术已是大势所趋。根据教育需求采集教育活动产生的海量数据，可以为教育发展发挥数据集的巨大潜力。当前环境下，数据是促进教育改革和发展的新型战略资产，是促进教育智慧全面发展的科学基础。大数据和教育的深度智能融合，能够推进教育体制改革，促进教育评价体系更新、科学研究范式转换、人文教育服务水平提升，实现个性化学习。但由于教育系统本身的复杂性和特殊性，我国教育大数据的发展面临一些挑战，例如应用实践中的数据安全、数据管理和操作等问题。只有深入研究解决这些问题，才能促进大数据在我国教育领域的持续发展。

教育大数据平台能够创建多种数据模型，对海量的用户信息进行分类整理，生成用户画像。一方面，该平台不仅能推送人性化、高质量的教学资源，还可以优化和搜集教学资源。基于用户画像，还可以对特定学生提供实时咨询工作，促进学生健康成长。另一方面，趋势和数据指标可以以图形化的方式展示，为教育管理部门提供有价值的分析和服务，为领导决策提供依据。例如，通过校园一卡通大数据，可以分析校内师生行为，优化管理方式，提升教学水平；在精细化管理服务方面，大数据技术应用到学校餐饮运营和终端，能够提高服务质量，降低投入成本；在学生安全管理、贫困生帮扶、生涯轨迹等方面提供数据分析和预测，可让管理更迅速、更准确；针对不同学生提供不同的学生画像，学校可以针对学生提供个性化服务，因材施教。

10.2　行业大数据需求与特点

目前，大部分学校，尤其是高等院校，已经全面开展信息化建设，完成各种校园网、服务器、公共数据库、身份认证、一卡通系统等基础设施建设，大部分业务单元通过信息系统实现内部信息管理，达到提升效率的目的。

教育行业大数据针对不同层次用户的需求，形成相应的产品、服务和解决方案，从构建管理模型到数据共享门户，描述了大数据在教育中的整体应用前景。

1.　促进个性化学习

基于大数据可以描述学生的特点，了解学生的学习需求，检验学生的学习成果，以便引导学生高效学习，为学生提供个性化服务，提高学生的学习效率。

2.　实现个性化、差异化的教育

一方面，教师可以根据学生的学习能力进行差异化教学，并根据不同学生的独特需求推荐合适的学习资源；另一方面，学校通过使用大数据技术进行教育数据分析和预测，改变了传统的教育方式，实现个性化的定向教育。大数据系统可记录学生的全面成长数据，并进行科学分析，帮助学生充分了解自己，使教师为学生提出合理的学习建议，提高学生的学习成绩。教师通过大数据分析并关注学生的个体差异，采用差异化指导、分组和分层教学方法，认识学生之间的差异，为学生之间的差异设计场景，学生则通过师生互动、共同学习、公平对话、情感交流、相互学习，从而充分施展自己的能力，了解自己的不足。

3.　推进精细化管理的实施

利用大数据技术，可以建立评价体系或预测模型，促进教育的有效性。大数据可以基于社会各个领域的综合数据源，实现实时准确的观察和分析，有效推动教育管理模式从经验化、包容性、封闭式向精细化、智能化、可视化的转变。学生个体的学习管理是精细化教育的标志之一，精细化也是教育管理新模式的目标。教育大数据平台可以持续跟踪学生的学习轨迹和成长过程，详细记录学习数据。教育大数据平台以心理学和科学学习系统为基础，综合评估和分析学生数据，创建每个学生的知识结构、认知结构、能力等模型，为其定制科学合理的学习资源和方法，实现因材施教。

大数据技术对学校的科研活动也非常有用。一方面，学校可以将教育数据作为数据源，通过深入挖掘数据，发现教育问题的本质，产生高质量的实证研究成果。另一方面，学校对海量多维数据的分析也可以起到"研究指南针"的作用，帮助研究人员准确地把握研究领域的前沿问题和趋势。我国正在积极推进部分本科院校向应用型院校转型，以迎接社会发展对高等教育的挑战。学校转型过程中的一个关键问题是设置哪个专业及如何构建课程。面对此问题，学校应准确识别市场对人才的需求，有效整合专业、行业、区域经济社会发展等大量数据，明确通过数据收集和利用培养各类应用型人才的目标，构建大数据深度分析能力模型及支撑课程体系。

4. 提供高质量的智能服务

学校利用大数据收集和分析管理者、教师、家长和学生的行为记录，全面提高服务质量，为学生、教师和家长提供更好的服务。大数据技术可以不断跟踪教师的教学过程，分析教师的教学特点和优势，明确教师的教学任务。学校基于学生的在线学习数据可以建立多种预测模型。例如，收集大量的学生学习过程数据，并通过一组预测算法分析学生成绩，根据预测结果、指导和反馈，优化课程学习效果。同时，家长可以通过大数据分析结果更好地引导和教育孩子，根据孩子的特点提供个性化教育，创造良好的家庭教育环境。

5. 提高校园信息化运营

大数据时代，信息传递的速度和影响力超乎想象，借助大数据技术实现信息化管理是必经之路，学校应及时获取相关教育信息，洞察网络舆情。教育大数据平台的数据采集与挖掘功能、文本分析功能、算法与模型，使学校能够获取全网教育信息，实现学校意见监测管理、动态跟踪。

教育大数据平台可以全天候监控多个教育站点、各大主流媒体教育板块和社交平台，掌握全网教育信息和舆情动态，支持管理和改革，实现数据集群化。例如，在高等院校教育领域，高等院校管理人员能够使用数据做出合理的决策。同时，教育大数据平台有助于打破高等院校获取重要信息的壁垒，构建完善的高等院校信息管理体系。大数据管理在高等院校中的应用，将进一步推动高等教育、人才培养、创业就业、项目研究和招生管理等方面的改革，成为高等院校自主创新和发展的新动力。

教育一直与数据息息相关，通过教、学、研的多阶段数据整合，以及大数据技术的有效运用，可以从根本上提升教育水平。通过大数据综合分析，学校可以优化招生教学计划，提高学生的学习效率，以及根据职业规划提供定制化的学习服务。

10.3 应用框架模型参考——智慧教育大数据平台

为教育领域构建高效便捷的教育大数据平台，需要关注大数据平台架构、大数据建模与存储管理、大数据分析与处理、大数据应用等关键问题。智慧教育大数据平台是基于数据采集与共享、数据存储与计算、数据管理与监控、数据可视化显示的数据管理与数据决策大数据平台，可以实现学校教育对数据的有效管理。数据管理使用数据决策、管理与创新能力，助力地方教育科学管理与办学可持续发展，减负增效。

智慧教育大数据平台是将云计算、互联网、物联网、移动网络、虚拟社区等技术与基于智能软硬件环境的应用相结合的平台，定位为开放、可扩展、可持续提供服务的信息平台，为学校管理者、教职工、学生、家长和相关社会群体提供服务。智慧教育大数据平台规划具有一定的先进性、引领性和创新性，同时充分考虑信息化的实用价值，可以在校园信息化建设中发挥作用。智慧教育大数据平台基于硬件集群、数据集中、应用集成的配置理念进行顶层设计，其底层环境、管理应用、教育应用、信息服务、信息标准、安全保障以松耦合分布模式实施，实现各种应用在数据流、业务流、服务流、界面展示等层面的融合，同时利用云计算模型为广大用户提供云服务，有效节省硬件资本和人力投入，满足教育服务应用软件的不断扩展。

智慧教育大数据平台的框架结构如图 10-1 所示。智慧教育大数据平台的框架结构内容如下所述。

基础设施层：基于云计算环境的计算资源、存储资源、网络资源和虚拟化。

数据源层：包括学习资料库、管理信息库、教育环境库和用户行为库 4 个主要数据库。

大数据处理层：主要包括数据采集、数据处理和数据服务 3 个方面。其中，数据采集包括关系数据采集、非关系数据采集、批量数据采集和流数据采集。数据处理包括数据业务逻辑关联、数据筛选、数据清洗和数据处理。数据服务包括数据可视化、数据挖掘分析、数据共享服务、多业务联动等。

大数据应用层：包括管理者服务应用、教师服务应用、学生服务应用和家长服务应用。管理者服务应用包括学校发展、校园安全、协调办公、资源中心。教师服务应用包括教师发展、教研协同、互动教学、网络课程。学生服务应用包括学生发展、互动课堂、课下协作、远程课堂。

家长服务应用包括家校互动、家师互动、亲子互动、家长培训。

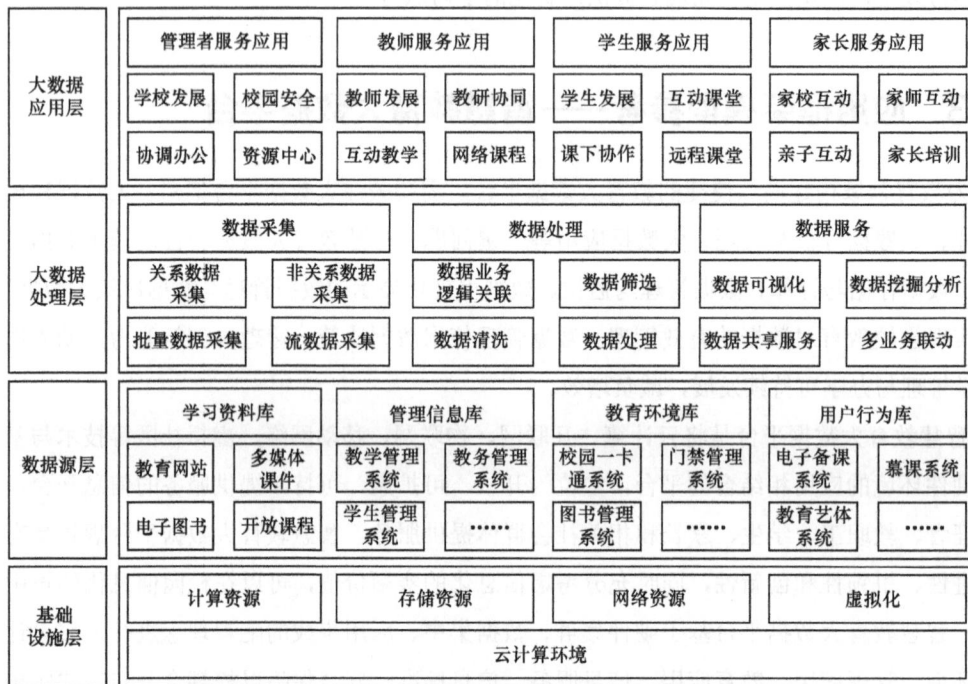

大数据应用层	管理者服务应用		教师服务应用		学生服务应用		家长服务应用	
	学校发展	校园安全	教师发展	教研协同	学生发展	互动课堂	家校互动	家师互动
	协调办公	资源中心	互动教学	网络课程	课下协作	远程课堂	亲子互动	家长培训

大数据处理层	数据采集		数据处理		数据服务	
	关系数据采集	非关系数据采集	数据业务逻辑关联	数据筛选	数据可视化	数据挖掘分析
	批量数据采集	流数据采集	数据清洗	数据处理	数据共享服务	多业务联动

数据源层	学习资料库		管理信息库		教育环境库		用户行为库	
	教育网站	多媒体课件	教学管理系统	教务管理系统	校园一卡通系统	门禁管理系统	电子备课系统	慕课系统
	电子图书	开放课程	学生管理系统	……	图书管理系统	……	教育艺体系统	……

基础设施层	计算资源	存储资源	网络资源	虚拟化
	云计算环境			

图 10-1 智慧教育大数据平台的框架结构

智慧教育大数据平台提供了一个完整的、全面的、可靠的、可供数据分析的数据库。学校依靠智慧教育大数据平台，强化教育信息资源配置和共享，建设协作办公、互动教育、远程教室等各种智慧应用，实现校园全面整合和集成，可为各级管理者、教师、学生、家长和相关社会群众提供方便、准确和易于使用的智慧教育服务。智慧教育大数据平台实现了多维数据查询，通过挖掘和分析学生在学校和当地教育的行动指标，为管理和决策提供科学依据。

智慧教育大数据平台构建的共享数据中心也是智慧校园的重要组成。通过共享数据中心，学校可以有效地规范数据信息，高效管理学校的各种教育流程。教师通过全球共享数据中心可以共享或搜索自己想要的教育资源，实现广泛的资源共享、维护、处理和服务体系。

智慧教育大数据平台建设是基于学校战略发展规划和学校信息化建设纲要的创新探索。学校基于构建智慧教育大数据平台的顶层设计，收集和整合学校教育各个方面的数据，从数据中提取有价值的信息，推动学校教育的全面创新。具体优势如下所述。

1.　开展教育大数据顶层设计，通过大数据应用推动学校发展

通过智慧教育大数据平台顶层设计，学校可从应用需求出发，对大数据的收集、分类和利用进行全面规划，明确建设目的和路径、做什么、不做什么、先做什么、后做什么、使用什么模式、达到什么程度、发挥什么作用，指导大数据技术在学校信息化建设中的应用。

2.　迅速推进学校信息化建设，积累丰富的数据源

学校运用大数据技术，全面分析现有教育管理运行情况，建立或升级信息系统，记录管理全过程，建立丰富的数据采集渠道。例如，学校通过全面升级现有的远程教育系统，打破远程教育概念，实现对课程的全面支持，细化每个学生的学习行为数据，包括课程学习数据、视频观看数据、数据回顾等。智慧教育大数据平台可以记录作业数据、互动交流数据、表现数据等，将数据细分为个人行为细节，提供超越传统教育系统的准确数据，客观反映真实学习情况。

此外，学校通过建设物联网应用，可以在积累大量管理数据和行为数据的同时，实现对人员、物品、安全等管理的有力支撑，提高管理质量。

3.　根据定制化服务需求建立大数据分析模型

提供卓越的个性化服务是教育和管理的重要目标之一。大数据应用是提供大规模个性化服务的前提，而大数据分析模型的好坏决定了数据价值。在一个好的大数据分析模型中通常被忽略的数据可能会产生难以想象的影响。通过分析学生的学习行为数据，学校可以了解学生的学习兴趣和学习效果，具体研究哪些学习方法最受欢迎、哪些课程设计最受欢迎，进行水平比较和垂直比较，并深入说明原因。这些数据提供给教师，将为教学创新提供最直接的支持。学校通过分析一卡通行为数据，可以识别学生的日常行为模式和消费模式，了解学生行为、学习成绩和学校效能之间的关系，为学校管理创新提供依据。

4.　综合应用大数据成果促进学校综合创新

通过大数据的综合应用，学校可以对各项教育管理任务进行分析判断，应用到实际工作中，促进学校各领域全面创新。

通过全面分析教学过程、学习行为、学习成绩、教学满意度、教师需求、教师专业资格等，学校能直观地掌握教师画像、学生画像，分析其长处和弱点，并预测下一阶段的发展。

通过综合分析学生宿舍分配、课堂使用、能源消费、网络消费、食堂消费、图书馆使用等情况，学校可以建立各种资源的利用率指标体系，实现数据可视化，并引导精细化管理和标准化管理。

通过聚类分析一卡通、图书借阅、专业分布、课程分布、学习成绩、学习行为等数据，学校可以发现具有特定特征和独特行为的特殊群体，挖掘相关数据，寻找规律。

通过综合分析教学数据、教学效果、出勤记录、个人数据和管理数据，学校可以构建科学、真实、客观的教师绩效评价体系，改变传统评价的主观性，从而挑选出真正优秀、负责任的教师。

10.4　教育行业应用趋势分析

大数据应用在教育领域具有巨大的发展潜力，基于未来大数据的发展趋势，教育产业的发展空间很大，例如，通过混合学习模型，结合数据挖掘和机器学习，能够实现教育领域的大数据收集、存储、管理和分析，构建新的教学评价系统。与此同时，我国教育领域的大数据应用需要进行一系列体制机制的调整，在各方的共同努力下形成合力。随着教育大数据的发展，国家政府部门将制定更多的教育大数据应用指导意见，继续推动和引导教育大数据业务和产业健康快速发展。在教育数据和教育资产方面，我国高度重视教育数据的隐私和安全管理，不断采取更先进的措施保障教育数据的安全，并制定了不同层次的管理办法和管理规则，有效确保数据的安全性。教育数据治理是一个关系到有效协调各方力量、提高教育数据质量、保障教育数据合理应用、促进教育数据合法共享的现实问题。未来，我国将有更多跨学科研究人员参与教育大数据研究，重点解决教育大数据应用推广中的难点。

第11章　公安大数据应用实践

11.1　公安大数据的建设背景及需求

11.1.1　公安大数据建设的背景与现状

近年来，大数据已经成为专业人士和媒体使用的高频词。大数据是指包含大量数据的数据集，这些数据在特定时间内无法使用常规软件工具进行处理。它是一种海量、高增长、多样化的信息资产，需要一种新的处理模式来实现更高的决策能力、洞察力和优化能力。

大数据是数据、技术和应用的有机结合，它以可持续的海量数据为基础，应用各种新技术来获取有价值的信息。大数据的开发和应用为推动信息时代警务机制的转型升级、为公安机关构建立体化的现代社会治安防控体系带来了新的机遇。

① 大数据资源的整合与共享，有利于促进社会管理部门的协调与合作，推动社会治理体系从碎片化向一体化转变。

② 以现实数据作为基础进行科学决策，从根本上推动治理方式的变革。

③ 为社会信息的实时、全面展示提供平台，从静态管理方式向动态管理方式转变。

④ 作为最终决策的数据依据，这是科学决策的社会治理方式取代简单粗放型治理方式的重要抓手。

2017 年，公安部印发了《关于深入开展"大数据＋网上督察"工作的意见》。2018 年，全国公安大数据工作领导小组成立，大力推进公安大数据战略的规划和实施。地方公安机关对大数据的相关制度、技术和应用进行了探索和实践，并取得了一定成效。例如，通过统计案件数量和类型，提高案件相关数据的分析效率，制订合理的交通管制安全计划。我国公安大数据可以分为以下 3 个应用层次。

1. 统计查询

这是大数据最为基本的应用方式，主要面对过去与现状，对已经发生的事件做出总结和归纳，例如流动人口的分区统计、城市常住人口动态归纳、各类案件的数量分布和趋势。

2. 数据挖掘

目前，大数据最核心的应用是发现数据之间的关联。这些关联有的可以被直观解释，有的深层原因不能马上被发现，但对工作具有指导意义，例如天气信息与案件之间的关联、车辆的轨迹与黑车经营之间的关联等。

3. 预判预测

公安机关从数据间的关联入手，通过对大数据的分析、挖掘来建立数据模型，预测接下来一段时间内的事件发生趋势，提前发出预警，对预防工作具有指导意义。

这3个层次具体到实际业务系统，包括图像侦查、车辆／人员分析系统等。这些系统以普通视频监控、车辆／人员卡口等前端监控获取的视频、图像、结构化描述为基础，通过大数据平台进行分析，利用地图搜索、人员调配管控、疑似案件对比等应用，帮助警方快速、科学破案。

目前，我国的公共安全系统已经有一些合理使用数据和分析的案例。经过多年的建设，天津公安系统在数据集成和共享方面已经做了大量的工作，基于城市管理局信息中心建设中转库、图书馆收藏、标准库和综合数据库，汇集了交通、人口、车辆、卫生、安全、旅游、土地等大约400个大类公安内部业务数据与社会信息资源，为指挥部门提供数据支撑。全国公安系统也进行了大数据集成应用研究，例如，苏州开发了犯罪预测系统，可以分析过去的犯罪数据、人口地理信息、天气和其他数据等，预测未来一个特定时间该地区犯罪的概率。

11.1.2 建设公安大数据的发展意义

随着信息技术和大数据技术的不断发展，现有的公共安全数据交换中心难以适应当前大数据背景下的数据管理和分析。通过大数据建设，推进公共安全服务体系建设，为各类公安提供资源集中管理、监控和执法支持的功能。大数据为公安建设提供技术支持和数据支撑的功能如下。

一是能够有效提高公安机关在实际工作中的数据处理能力。当前，公安机关在工作中积累了大量数据，数据增长速度很快。公安机关运用大数据处理技术，可以有效提高警方在实战行动中的处理能力，为公安行动创造安全、可靠、实时的后台保障环境。

二是将不同类型的数据集成到当前的公安机关工作中。安全数据类型不再是简单的结构化数据，音频、视频和其他非结构化数据都深深嵌入各类警务的实际工作中。大数据技术可以支持多种数据类型的处理，大幅提高公安机关的数据处理能力。

三是切实提高公安综合信息调查判断水平。大数据技术提供了集中的资源、集中的管理和集中的监控，支持各类警务综合数据应用环境的实现，极大地提高了公安信息的甄别能力和效率，提供了更加全面的决策支持，为公安机关和各级党政机关提供有效、准确的信息保障。

从"平安城市"到"天网工程""炫目工程"，公安视频监控网络的建设不断迈进。这个循序渐进的过程，就是公安大数据发展的一个体现。

党的十八大以来，公安机关受理治安违法案件的数量和立案刑事案件的数量有所下降：2013 年，治安违法案件的数量首次出现较大幅度的负增长，此后总体呈下降趋势；公安机关立案刑事案件的数量在 2012 年以后增速明显放缓，并在 2015 年到达顶点后开始进入相对稳定的下降阶段。

大数据建设不断推进，正朝着信息化、网络化、智能化的高融合度方向发展，公安大数据反映了社会对公安工作清晰、快速、高效、灵活、智能响应的需求。公安大数据的发展更好地维护了公共安全，为人民群众提供了便捷的政府服务体验。

11.2 公安大数据的体系结构

11.2.1 公安大数据的概念及特征

随着公安信息化的不断发展和大数据、云计算的快速发展，越来越多的数据资源能够被公安机关追踪。公安大数据是指基于泛在网络和以人为中心的实体及时空关系，需要采用先进的技术手段进行采集、管理和应用的数据资产。按照这个概念，公安大数据明显区别于传统的公安数据。

1. 动态

传统的公安数据采集的对象是静态数据，而公安大数据是实时更新的。每当警察提出问题，人民群众的每一个请求、听证和评估都是数据源。这一特点符合大数据的动态特性。

2. 无处不在

传统的公安数据集中积累的数据是公安机关网络中以各种方式收集的数据资源。公安大数据不仅收集公安机关网络的数据，还收集互联网、视频专网、物联网等主要网络平台的数据。

3. 所有类型

传统的公安数据集以结构化数据为主，公安大数据中的结构化数据占比越来越小。未来，绝大多数公安大数据是非结构化数据。如何使用非结构化数据和时空数据，如何进行数据挖掘、分析和判断，将是实践中需要解决的问题。

4. 完整的关系

现有的公安数据集是结构化的属性数据。公安大数据还包括实体的时空数据和实体之间的关系数据，由这些关系形成的实体之间的知识地图是公安机关工作任务中最重要的信息。

从公安大数据的概念和特点可以看出，公安大数据是公安机关适应大数据时代特征的必然产物，是公安大数据信息系统与应用的实战需求。大数据时代，违法犯罪行为不断产生新数据，犯罪手段不断更新，通过大数据分析，能够对公安机关带来实实在在的帮助。

11.2.2 公安大数据的体系架构

公安大数据应用以云计算平台为基础，构建全警集合、全警共享的综合大数据平台，为实战警务提供核心支撑。例如，北京京航数据系统提出，公安大数据平台可以分为接口数据层、数据聚合层、数据库资源池、共享服务层、数据应用层和门户层6个层次。

① **接口数据层**。接口数据层为公安机关网络内部数据和社会数据采集的引入和管理提供了接口。

② **数据聚合层**。数据聚合层提供了社会数据和公安机关内部安全数据的收集、交换、集成和管理功能。

③ **数据库资源池**。建立数据库资源池中各种数据资源整合处理的存储机制，是构建公安大数据平台的关键。主要通过数据源部门对目录构建（智能平台数据、业务系统数据等）进行分析和管理，在此基础上，对子目录进行细分，集成基础数据，并建立数据资源目录。根据公

安机关的"人、地、事、物、组织"5 个要素,将该目录进行二级划分,重新生成目录,为整个系统提供关于不同类型的人口信息。

④ **共享服务层**。共享服务层提供数据资源的统一共享和服务管理功能。公安大数据平台通过集成方式请求服务,分析平台内部数据和功能后,提供多种返回结果的方式(离线数据文件、在线可视化数据等),直接向平台提供通用服务和专业服务。共享服务层可以直接调用平台服务接口实现应用。针对更加个性化的需求,公安大数据平台提供一套基本的元服务,应用系统灵活自主地调整元服务,形成基于元服务的定制化服务流程,从而满足个性化业务的需要。

⑤ **数据应用层**。数据应用层主要包括查询、数据对比、分布预警、分类统计、分析挖掘等常用功能。

⑥ **门户层**。门户层提供用户服务,实现与外界的一体化交互。

再如,山东警察学院的张兆端教授提出,公安大数据体系架构可以重构为感知层、网络层、数据层和应用层 4 个部分,其中前 3 个部分属于技术层架构。

- 感知层使用摄像头等终端网络设备收集大规模数据,能够识别公安机关管理目标和刑侦目标的物理属性和环境特征,同时对数据做出响应。核心技术包括智能识别、检测技术和有线 / 无线通信技术。
- 网络层是指整个大数据公安通信网络,包括公安系统内部网络、外部网络和无线集群网络。
- 数据层主要负责公安数据的存储和处理。
- 应用层集成了所有技术,包括基于云计算技术的大数据应用、海量数据存储技术、数据挖掘技术和数据管理技术。应用层结合公安机关不同警种、不同职能、不同部门的业务模式,构建适合不同公安、不同群众需求的管理运营平台,包括云计算和公安系统多个战略中心的指挥控制,以满足新时代公安机关的战略需求。

11.3 公安大数据的发展

11.3.1 公安大数据的发展阶段

21 世纪以来,公安系统逐步走向信息化。根据贵州省公安指挥中心应用科技科的介绍,从信息化角度来看，公安警务模式可以分为以下 5 个发展阶段。

1. 传统警务（21 世纪之前）

在计算机和互联网尚未完全普及的时期，公安机关主要依靠巡逻、审讯等方式处理案件。在办案过程中，警察大多依靠人眼识别和目击者证词进行分析和佐证。受技术水平的限制，该阶段的警务工作依赖人工，较为被动和滞后，效率较低。

2. 数字警务（2000—2005 年）

随着个人计算机和对讲机的普及，公安机关开始使用计算机输入、收集和查询信息，提高了基层警察的战斗力和基本协作能力，提高了信息管理效率。

3. 网络警务（2006—2012 年）

随着各级公安机关对"金盾工程"建设的大力推进，各警种建设应用了各种信息系统，同时建立了分级指挥调度模式。凭借警用地理信息系统（Police Geographic Information System，PGIS）和全球定位系统（Global Positioning System，GPS），建立了部门、省、市、区（县）的指挥结构，大幅提高了警察的工作效率。

4. 综合警务（2013—2017 年）

随着社会逐步进入互联网时代，治安形势越来越复杂，需要实现各警种、各部门之间的相互协作。该阶段形成指挥系统一体化、情报主导、综合作战的综合警务模式。大数据的应用和数据驱动警务的尝试逐渐出现，并取得了一定的成效。

5. 智慧警务（2018 年至今）

警务模式趋向智能化。智慧警务的主要目标是提高公安机关的核心战斗力，建立以大数据、云计算、人工智能为技术支持的警务新模式，形成以大数据驱动、系统化、智能化、扁平化、人性化为特征的新一代公安体系，推进公安机关整体快速发展。

11.3.2　公安大数据的发展前景

1. 捕捉案件细节，为刑侦提供新的思路

中华人民共和国成立以来，我国警务人员致力于公安工作的科学化、专业化、规范化发展。警务人员经过几十年的不断积累、创新和反思，成功总结出一套较为完整、有效的工作模式。大数据的诞生，使警务人员在当前信息时代收集、分析数据成为可能，有助于公安机关对事件及其发展趋势做出更全面、更客观的判断。警务人员可以脱离以往以经验为导向的思考，降低因个人臆测而误判事件的概率，提高决策的正确性和科学性。

警务人员通过对案发现场及其周边环境的观察、数据采集、分析研判，通过详细的数据可以获取案情的具体发生时间段、进出案发现场的人员信息、嫌疑人数及可能的逃跑路线，将嫌疑人的数量降到最低。警务人员对数据进行分析整理，构建数据之间合理的逻辑关系，再对嫌疑人画像进行分析。通过一系列的分析，警务人员可以厘清嫌疑人的身份、社会关系和思维方式，对后期抓捕嫌疑人、识别嫌疑人起到重要作用，为侦查指明了方向。

一些翔实的数据可以为破案提供直接线索，但有些数据并不能直接表明案件真相，反而能对后续工作起到指导作用。例如，如果犯罪嫌疑人在犯罪的过程中使用手机或其他通信方式，可以利用其通信数据分析事发时间段内的通话记录或通信记录，这些通话记录或通信记录可以与其他犯罪嫌疑人的通信号码关联，这个号码可以与整个数据库中注册的身份信息匹配，确认犯罪嫌疑人的身份。也有一些数据可以作为电子证据来证明或者排除嫌疑，例如，犯罪现场周围的监控数据可以很好地还原案件的过程。

在长期的刑侦案件中，经过一定的数据积累，警务人员可以通过数据筛选合适的关键词，再计算原始数据与再生数据的相关性。这些关联可以实现多个案例的串联，最大化数据价值。

2. 预防警情，为治安提供前瞻性视角

打击犯罪一直是我国公安机关的重点工作，既在于打击，也在于预防。大数据基于收集的数据可以做出预测。大部分危险的发生往往需要一个过程，而不是一瞬间的。通过使用终端和分析数据，警务人员可以在危险发生之前捕捉到信号，从而预防违法事件的发生。

与此同时，在信息时代，电信诈骗日益成为犯罪手段的主流。但公安大数据可以通过数字化调查发现一些可疑的拨号记录，对涉及的数据进行分析，并进行汇总。接到人员报警后，警

务人员可以迅速调查，利用现有数据解决问题，并在此基础上进一步筛选数据。

3. 提升素质，为警务团队注入活力

警务人员的素质和能力是整个公安工作的基础和保障。公安机关必须培养一支正规化、专业化、现代化的警察队伍，以推动各项公安工作的全面开展，公安机关应把提高队伍素质作为首要任务，只有提高自身的素质和能力，才能跟上时代对公安机关的要求和期待。同时，公安队伍中专业人才的培养和情报队伍的建设是实现公安机关信息化的必要条件。

11.3.3　公安大数据的发展趋势

经过多年的信息化建设，公安机关在入户、户政、执法工作中取得了良好的成绩。然而，由于公安机关对数据利用广度和数据挖掘深度的需求，实际研究与判断信息系统的建设一直处于瓶颈阶段。如果数据系统的计算能力或数据收集能力不足，则很难取得好的效果。合理利用大数据和云计算技术是公安机关未来的发展趋势，即公安大数据。

1. 数据架构的升级

随着数据量的增加，数据结构趋于多样化。传统数据库中通常使用结构化数据，例如人口信息与海关出入境数据。随着时代的发展，也出现了半结构化数据和非结构化数据，例如监控视频中的视频素材、卡口照片等，这给数据处理和分析带来了巨大的挑战。传统的关系数据库和存储方案不能处理所有类型的数据。因此，为了合理有效地存储和利用这些数据，有必要对现有的数据架构进行升级，建立专门的数据中心。云计算技术将在这些数据中心运行过程中发挥重要的作用，通过虚拟化物理资源和使用数据迁移来充分利用数据。目前，大数据和云计算已经在公安机关广泛应用。

2. 数据价值的再发现

传统的基于结构化数据和结构查询语言（Structured Query Language，SQL）的数据分析方法无法充分发挥现有数据的价值。公安机关中的海量数据需要一个重新发现价值的过程。

对于响应慢的数据，基于大数据技术，可以进行改造升级，保证业务的正常运行，以业务迁移、升级和数据处理模式为主。对于传统的结构化数据，我们可以深入挖掘业务中的数据模型，发现

数据结构内部的潜在价值。对于半结构化数据和非结构化数据，通过大量数据分析的优化技术，可以将这种类型的数据转化为结构化数据，提高信息化水平，充分发挥这类数据的价值。

3. 数据融合与创新

由于大数据的价值密度低，单一的数据类型无法发挥应有的价值。例如，在大量的监控视频中，可能只有 1～2 秒的图像具有分析价值，但这类图像需要其他数据类型的辅助才能匹配图像中的人或物。因此，不同数据的融合往往比单一数据更有价值。例如，电信数据和政府普查数据的结合可以具备人口统计学意义，并有助于城市规划和分区。公安数据与社会数据融合，可服务公共安全，保障人民的生命安全和财产安全。

11.4　公安大数据感知层

11.4.1　感知系统架构简介

根据目前我国城市发展的趋势，感知层的主要对象包括城市居民、整体治安环境等各种相关群体，以及重要部分（例如，交通安全、消防安全、危险品、学校、医院等基础设施）的实时感知。

公安大数据的根本目的是提高安全水平的信息化和智能化，最大限度地优化警力资源配置。从整体逻辑来看，感知系统主要有资源层、支持层、应用层和表示层。

1. 资源层

资源层是一个数据收集、集成、匹配和调用的平台。该层对数据采集设备访问的视频资源、人脸图像资源、车辆资源等多维（半结构化和非结构化）数据资源进行分类存储，并对数据结构进行升级，实现各种数据资源的集成和共享。资源层是感知系统的基础层，为后续的数据调用和算法提供基本的数据支持。

2. 支持层

支持层是整个公安机关的算法支持层。支持层基于资源层数据资源的预处理过程，全面开展大数据内容的智能深度挖掘和关联分析，包括路径分析、数据管理、数据存储等服务功能。

它还包括分类检索、用户类别管理、日志管理和用户权限管理。

3. 应用层

应用层包括环境感知、部署控制预警、时空再现、数据洞察和主题题库等。与传统安全相比，公安大数据安全系统最大的特点在于引入了动态安全的概念。以环境感知为例，安全模块通过加密提供身份认证信息，然后提供可信加密密钥管理和信任管理功能。在应用层上，通过内核级的行为控制和内核级的应用隔离功能隔离系统中的所有应用，在终端建立一个可信的环境，并通过信用代理动态调整用户对应用的访问策略。

4. 表示层

表示层包括 C／S 客户端、B／S 客户端和门户的统一管理。在 C/S 客户端软件系统架构的基础上，通过客户端和服务器分配角色，减少系统的通信开销。服务器主要提供数据管理、数据共享、数据维护和并发控制，客户端程序主要完成用户的特定业务。B/S 结构的网络技术主要用来改善 C/S 结构，完全由浏览器用户界面实现。

11.4.2　基于公安大数据的感知技术

1. 多维感知技术

多维感知技术包括数据仓库技术、数据访问总线技术和数据跨网络访问技术。

数据仓库是面向主题的、集成的、时变的数据集合，可以用于辅助公安机关进行决策分析。通过数据仓库技术，公安机关可以采集全网的卡口数据（例如安全卡口数据、社会卡口数据、人脸信息、点位信息数据），并对这些数据进行提取、清理和重组，让警务人员可以方便快捷地在终端查询所需信息，提供决策支持。存储文件可以有多种形式，数据仓库可以为交互统计分析、数据挖掘等数据处理功能提供 I/O 数据访问。

数据访问总线负责数据提取、转换、清理和标准化工作，可以根据实际情况采用多源数据访问方式，按照相关标准实现数据转换，保证访问数据的安全性。

由于公安网和互联网是相互独立的，在涉及跨网数据访问时，需要保证公安网和公安数据的安全，即保证数据的完整性、身份的确认性和数据的保密性。为了满足安全需求，公安机关可以在独立的网络之间建立"数据安全孤岛"，既可以物理隔离网络，防止公安机关受到外部网络的攻击，又可以在网络之间安全地交换数据。

2.　数据存储

感知数据包括根据 GA/T 1400 标准构建的非结构化数据库——视频图像数据库和自定义标准的聚合库。标准数据库完成所有主要数据库的数据收集，Hadoop 分布式文件系统（Hadoop Distributed File System，HDFS）用于提供聚合库子系统所需的数据存储空间。库存管理根据自身的数据特征和类别整理数据，最终集成一个大数据聚合库。

硬件加密技术通过底层硬件将受保护的信息转换成不同于源代码格式的格式进行存储，只有当访问用户拥有合法的权限时，硬盘上的数据才会还原为源数据格式。因此，在这种技术下，当合法用户访问时，与普通计算机的操作没有区别，但当非法用户访问时，数据则无法被正确访问。

3.　数据分析与碰撞

基于公安大数据的数据分析与碰撞提供了大数据分析、检索和比较的能力，为应用层业务提供了大数据分析模型。

数据分析包括数据间的相关性分析，基于公安大数据的基础，实现了海量数据的二级检索和相关性分析，为应用层提供人脸识别、车牌匹配、轨迹检测等相关的分析和应用。相关性分析不仅包括数据关联，还包括时空事件关联。基于公安业务中成熟的数据模型，借助地图进行可视化分析，服务公安机关的实际应用。此外，多模态融合提供商、车辆和号码之间时间变化的分析数据，通过统一的分析门户，分析和显示与多个数据库相关联的数据，从而使数据集成为一个有关联的整体。

碰撞数据充分利用前端感知到的目标（例如汽车、人脸、数字），结合目标的时间、空间等多维特征，配合警务实战分析模型、分析目标，实现目标与案件的高效关联，包括车辆大数据分析、手机大数据分析和多维大数据分析等。

11.4.3　感知系统的应用与实践

1.　实时监控系统

实时监控系统对接监控视频数据、实时人像捕捉数据、射频识别（Radio Frequency Identification，RFID）监控等多维数据，结合选定的数据点实现实时视频监控和数据监控，并控制告警信息。

实时监控系统支持根据设备类型、在线设备进行选择，实时监控设备名称、设备编号、设备 IP、设备在线状态和设备位置，便于警方处理监控数据。

2. 数据查询

数据查询模块将感知到的全量数据统一规划与存储，利用全文搜索引擎技术，按类别建立数据索引，根据时间、空间、类别等信息进行搜索查询，提高警务人员的细节调查水平、数据应用和处理能力，从而提高工作效率。

目前，我国智能传感技术取得了良好的实战效果。在多维特征感知技术方向，技术产品已广泛应用于北京等一线城市的轨道交通安全。在我国安防领域，视频监控等数据采集和传感技术得到了广泛应用并取得良好的效果。此外，通过室内监控和室外定点监控与门禁系统的交互，传统的被动安防已经成功转变为主动安防。但与此同时，感知系统在采集公安要素（人、物、组织、场所、事物）时，仍然没有突破缺乏全面性和准确性的问题。

11.5 公安大数据网络层

11.5.1 公安大数据网络层的概念和构成

网络层的目的是实现两个端系统之间的数据传输，包括路由和寻址（数据恢复技术）。在相邻的两个端点之间的数据帧传输函数，可将内部数据通信网络管理作为一个整体，由几个中间端点将目标数据从源端点准确传播到目的端点，从而实现不同层次之间的数据传输功能。

从公安计算机网络技术来看，主要包括互联网、移动互联网、物联网、公安专用计算机网络、公安专用卫星通信网络和公安视频通信网络等。

公安专用计算机网络是连接各级公安机关计算机的专用通信网络，由三级骨干网和接入网组成。

公安专用卫星通信网络利用公安卫星频率资源，由公安部卫星主站、各种卫星通信车、卫星移动式地面站和相关公安机关固定卫星地面站组成。公安专用通信网络利用有线、无线、微波、卫星通信和计算机网络等技术手段，实现现场指挥中心与公安机关的通信，实现语音、图像、数据的双向传输，主要用于安全任务、重大活动、突发事件现场的图像传输和指挥调度。

公安视频通信网络是以公安网络基础设施为基础的通信网络，为城市各级公安机关传输视频、音频、图像等信息提供保障，主要由公安视频会议系统、公安视频指挥通信系统和公安视频监控图像传输系统组成。

11.5.2　公安大数据网络支撑技术

公安大数据网络支撑技术是对感知技术层采集的数据进行路由、传输和控制的技术的总称。它将分散在网络层的公安机关的所有信息整合在一起，实现了所有公安资源的共享与协作。

目前，公安大数据网络层的主要支撑技术包括低速近场通信技术、低功耗路由、自组织信息、无线接入通信、IP 技术、网络传输技术和异构网络融合接入技术等。

公安部门确定的"金盾工程"二期任务之一是优化"三类基础设施"，即在一期建设中对现有的网络基础设施、安全技术设施和信息中心技术系统进行优化提升，进一步满足和保障推广应用的要求。

1. 网络基础设施

随着应用的不断普及和深化，特别是警务信息化综合应用平台的推广应用，部分中西部地区三级网络和基层队伍的网络带宽已不能满足实际需求，部分城市公安机关信息中心的应用系统运行平台无法承载高并发的应用访问和数据存储需求。随着大量商业网络的普及和分类应用的逐步扩大，网络和信息安全问题日益突出。因此，在优化完善网络基础设施方面，国家、省、市三级公安机关要根据各自的管辖范围，完成公安信息网三级骨干网的结构优化和宽带扩容，进一步满足网络应用的需求。

2. 安全技术设施

在优化完善安全技术设施方面，公安机关进一步扩大公安涉密信息安全体系的覆盖面，满足国家安全、网络监管、技术侦查、反邪教、反恐等涉密应用的数据传输和联网应用需求；拓展重建公安身份认证和门禁系统，满足民众和来访日益增长的需求，实施使用数字证书访问数据库的"单轨制"；开展基于数字证书的应用，例如，电子签名和加密电子邮件；进一步优化完善入侵监测和漏洞扫描功能，在各级骨干网边界点全面部署计算机病毒防范系统；在国家、省、市信息中心建立统一集中的安全接入平台，确保内外网信息交换共享的安全。

3. 信息中心技术系统

在优化完善信息中心技术系统方面，公安机关重点拓展承载各类业务信息系统的运营平台，增加服务器的数量，提高数据处理能力和扩展数据存储空间，拓展一期建成的公安信息网搜索引擎、请求服务和运营管理系统的硬件能力和软件功能。

11.5.3　物联网及其公安应用

物联网（Internet of Things，IoT）是一个用于"物物相连"的拓展性互联网。它根据红外传感器、全球定位系统等各种传感器实时采集声、光、热等各种物体的信息，通过各种可能的网络接入，实现物体之间或人与物体之间的无缝衔接。山西警察学院在《公安物联网关键技术及应用》中提出，在公安系统中物联网的架构从上到下有 4 个层次。

1. 信息感知层

信息感知层主要利用摄像头、射频识别、条形码识别、智能传感器等设备，采集公安系统聚焦的人、物、场所等数据，并在上层系统的驱动下实时记录数据的变化。针对不同的感知任务，公安机关利用协同感知技术在线计算不同角度、不同种类、不同尺度的数据，动态监测、管理和指挥目标。

2. 网络传输层

网络传输层整合和传输现有公安系统网络和其他外部互联网系统中的数据。

3. 服务资源层

服务资源层用于支持海量数据的存储和处理，为业务级提供支持服务。公安机关利用云计算、数据挖掘等智能分析技术，对数据进行整合，找出潜在的规律或信息，并与警方情报网络中的信息进行比较，从而提高整个公安系统中信息的可靠性。整个物联网的数据类型复杂，服务资源层提供统一的标准筛选、集成和转换为与各种系统兼容的元数据。

4．业务应用层

业务应用层包括各类警务服务。通过公安系统间的智能分析系统，结合信息感知层的信息，实现公安资源的统一调度指挥，以及多种警务类型的协同作战。

目前，物联网技术已经应用到我国的许多公安业务中。例如，第二代身份证和新护照中使用的 RFID 技术不仅增加了防伪功能，而且还提高了人员的识别能力。在关键车辆管理和枪支管理过程中，RFID技术正逐步被用于实时监控关键控制对象。但目前情况下，这些应用相对独立，远未达到物联网的预期水平，仍处于物联网应用的初期。

互联网面临的病毒攻击和黑客攻击的危害也延伸到物联网，终端安全问题成为整个物联网中最严峻的问题。

因此，现阶段公安系统需进一步加强对内部物联网设备的安全检查，重点关注是否存在漏洞、是否受到攻击。公安系统还需定期开展网络安全风险评估，提高防护水平。在物联网安全卫士的战场上，由于网络的拓展，攻击方式千变万化。因此，在捍卫传统互联网攻击方法的同时，我们也应警惕新场景与新应用。最后，相关部门在购买物联网设备时要提高警惕，认真检查物联网设备本身的安全性能，从根本上保证物联网的安全。

11.5.4　云计算及其公安应用

云计算的具体概念于 2006 年由谷歌首席执行官正式提出并使用。"云"的出现是基于互联网的，它将以前由个人计算机或组织服务器处理的大量信息传输到巨大的外部服务器进行存储和处理。"云"分布在互联网上的计算中心，在服务器集群形成的资源数据库上执行相应的程序，将所有共享资源与服务器集成，为用户提供满足需求的资源。在这种工作模式下，对个人用户来说，只需要拥有显示设备并连接到互联网，就可以通过"云"直接获得各种计算和存储服务。

与传统的互联网应用模式相比，云计算具有以下优势。

1．虚拟化技术

虚拟化是整个云计算最显著的特点之一，突破了时间和空间的限制。在物理环境中，物理平台和应用部署之间没有可视化的联系，这意味着相应的终端可通过虚拟化平台进行迁移或备份。

2. 动态可扩展性

云计算拥有巨大的存储能力和高效的计算能力。在原有服务的基础上增加云计算功能，能够有效提高计算效率，最终实现虚拟化水平动态扩展。

3. 按需部署

计算机包括许多个应用程序，但每个应用程序需要不同的数据库，运行不同应用程序所需的计算方法和能力也不同。云计算可以根据用户对应用的需求，协调最高效的计算比例和模式。

4. 灵活性强

目前，市场上大多数的硬件、软件和资源支持虚拟化资源。由于资源统一管理，云计算不仅可以提供低配置的硬件设施和向后兼容不同厂商的硬件产品，还可以为各种应用程序提供有效的计算服务。

5. 可靠性强

对于云计算，服务器故障不会影响正在运行的计算和应用程序。虚拟化技术允许重组和备份分散资源的物理服务器信息。

6. 高性价比

从资源管理的角度出发，把所有的虚拟资源池统一管理，能在很大程度上保存物理资源。用户不再需要在庞大的主机上花很多钱，也可以得到同样的甚至更高效的计算能力。

7. 可扩展性

用户可以利用云计算快速部署应用程序的特点，扩展现有的和新的服务。云计算是一种新模式，能够随需应变地将资源分配给用户。

在业内，云计算被普遍认为是信息化的第四次革命，颠覆了传统的计算模式、存储模式和服务模式，进一步引领创新。

　　在公安系统方面，通过云计算建立警察云计算平台，可提供大数据应用和定制化资源服务。由于云计算的容错率高、可靠性高，当一台服务器出现故障时，服务器上的服务动态会迁移到与之关联的其他服务器上，从而避免中断正在进行的公安业务，提高整个业务环境的可靠性。其次，用户可通过云计算共享全球、国家、省、市资源池处理的计算存储资源，为深度发掘大数据奠定基础。

11.6　公安大数据应用层

11.6.1　公安大数据应用层概念

　　公安大数据应用层也是公安大数据的实体应用层，由若干个具体的应用服务单元和公共服务单元组成。公安大数据应用层的核心建设部分可用于各服务单元的数据处理、信息集成和展现，直接服务于公安大数据的运行，包括公安服务体系、领导指挥体系和大数据公安支撑体系等。

11.6.2　公安大数据应用对象

　　公安大数据的应用对象主要包括从公安部到地区各级公安机关，以及公安社会组织和公民个人。政府作为公安大数据组织的重要组成部分，直接参与公安大数据应用的管理和保障。政府直接纳入公安大数据发展，不仅能调动城市管理者对大数据发展的热情和重视，更重要的是能推动整个公安大数据的发展进程，增强全体警务人员的综合实力。从公安部到各级公安机关是整个公安大数据应用的主要用户。公安机关依靠大数据分析把握公安发展趋势，针对不同情况基于数据分析做出决策，即公安数据将在决策中发挥辅助作用。通过大数据平台发布的公安数据，公民可以实时掌握全市的交通情况。通过大数据呈现的信息，公民可以选择自己的生活方式和出行方式，同时也可以在一定程度上保证数据的透明性和开放性。

　　各级用户不仅是公安大数据的数据提供者，也是整个平台的用户。因此，公安大数据应用平台的建设应能满足各级用户的数据应用需求，并根据不同的应用访问身份赋予不同身份的数据访问权限，或通过管理人员的授权获得权限，禁止未经授权用户的访问。

11.6.3 公安大数据应用平台

公安大数据应用平台全面面向刑侦、交通、情报、反恐等基础公安服务。它以视频、图像等可视化、结构化数据为基础，将数据层采集的公安数据与其他类别的社会数据进行整合，对数据进行挖掘和分析，找出数据的内在价值，并根据分类数据建模。

一般来说，公安大数据应用平台提供的服务管理包括社会层面的各类警务部门以及终端入口和应用基础层的通用解决方案。

统一终端接入平台。该平台为所有公安管理系统和应用提供了统一标准的数据访问通道，支持多种通信设备，能够对接收到的数据进行统一识别、分类、存储和发送，并预处理情报。

基础操作平台统一应用。与各警种部门原有的应用操作平台相比，该操作平台具有底层终端数量多、上层部门/行业应用复杂度高的特点。因为公安机关的信息终端数量庞大，所以要求整个操作平台能够维护和控制同量的数据，提供统一的运行环境，统一处理数据，实现高效率的数据处理。

统一安全认证系统。该系统以用户信息和系统权限为核心，集成所有传统业务系统的认证模式和认证信息，提供了一个高度集成的身份认证系统。

统一数据交换平台。该平台可提供一个中间平台，连接各种公安业务系统的数据源和应用，以满足不同公安管理系统之间的连接和数据交换需求。

统一门户支持平台。该平台可提供灵活规范的全网协同信息组织管理系统，实现信息的集成采集和内部管理，直接组织各类共享信息和内部业务基础信息，根据不同的用户角色实现个性化服务，促进各类警务信息的综合应用。

多种商业基础设施。为各类公安业务提供辅助工具、权限管理等平台支持服务。通过基础设施建设，实现了系统之间的耦合，提高了系统的灵活性和可扩展性，目的是实现快速开发和低成本。

以"光明工程"为例，2015年5月，国家发展和改革委员会等九部委印发了《关于加强公共安全视频监控建设联网应用工作的若干意见》，明确指出，到2020年，基本实现"全域覆盖、全网共享、全时可用、全时控制"的公安视频监控网络化应用建设。"光明工程"即公安视频监控建设的网络化应用，是政府围绕"安全中国、法治中国"部署实施的战略工程。完善以信息化建设为基础的社会保障防控体系是一项基础性工程。

其中，"全覆盖"是指摄像机转高清后，重点公共区域视频监控覆盖率达到100%；"全网共享"是指重点公共区域、涉及公共区域的重点行业和领域的视频图像联网率为 100%。

通过综合中心的视频会议系统，"雪亮工程"可以实现从县综合管理中心到镇综合管理中心、从镇综合管理中心到村值班室的在线视频检查功能，实现了"综合管理岗位综合管理"的目的，避免综合管理场所出现"空壳"或"被占用"的现象，"雪亮工程"有效地填补了治安防控的短板。

11.7　建设公安大数据的问题与挑战

11.7.1　数据收集问题

经过不懈努力，我国公安警务模式逐步完成从传统警务（2000 年以前）向数字警务（2000—2005 年）、网络警务（2006—2012 年）和综合警务（2013—2017 年）的转变，进一步向智慧警务模式（2018 年以后）转型。数据采集标准已经逐步建立，统一的标准是数据采集的前提，决定了采集数据的可靠性和有效性。但是，我国公安机关的数据收集还存在一些需要改进之处。

首先，公安机关需要加强数据收集的顶层设计。公安机关已经建立了基础数据元标准，但由于缺乏数据采集的顶层设计，公安部门难以整合和应用通过各种渠道收集的数据。"数据烟囱"或"数据孤岛"不仅存在于行业之间，信息建设的重构、遗漏和粗放建设也会导致数据资源的浪费和较差的平台间数据交互能力，无法统一管理。为了改善当前数据收集的困境，国务院发布了政策文件，概述了社会数据收集的信用蓝图。数据采集的顶层设计直接影响采集数据的质量，例如数据的及时性，这将进一步提高大数据技术在公安警务中的应用。

其次，平台之间缺乏足够的数据共享。现阶段警务工作中存在重复输入和重复收集的情况，在很大程度上浪费了数据收集和治理的技术资源，无法形成深度数据共享的局面。另外，数据壁垒使数据采集与业务需求脱节，不利于信息披露，不能满足整个公安系统对信息的迫切需求。

再次，缺乏完整的数据监控系统。在大数据本身值密度较低的情况下，数据的质量决定了这些数据能否通过一系列的治理、分析和整合得到有效利用。大量的低值数据会进一步稀释数据库中数据的价值，从而增加使用这些数据的难度。目前，我国公安机关缺乏完善的数据质量评估体系，无法有效监控采集数据的来源和目的地，很容易导致数据库中的数据质量参差不齐。

最后，数据模型数量不足，缺乏质量。数据建模是情报分析的基础环节。智能系统是基于相关性分析和模型预测的智能环节。如果没有合适的数据模型，整个智能系统将面临分析能力不足甚至没有分析能力的情况。转型是提高公安机关信息化效率的第一步，将业务流程转化为业务模型，业务模型转化为数据模型，数据模型转化为信息分析应用系统，可实现预测、趋势分析、监控等应用，最大限度地提高公安机关信息化的效率。

11.7.2　信息安全问题

随着互联网时代的发展，国家信息和数据面临着网络恐怖主义的严重威胁。因此，如何在兼顾安全和自由、保护国家隐私的同时，促进大数据的创新利用，成为必须解决的问题。

建设网络强国，要有自己的技术，有过硬的技术；要有丰富、全面的信息服务，繁荣发展的网络文化；要有良好的信息基础设施，形成实力雄厚的信息经济；要有高素质的网络安全和信息化人才队伍；要积极开展双边、多边的互联网国际交流合作。建设网络强国的战略部署要与"两个一百年"奋斗目标同步推进，向着网络基础设施基本普及、自主创新能力显著增强、信息经济全面发展、网络安全保障有力的目标不断前进。

目前，大多数传统的公共安全技术都是以抵御网络外的攻击者为目标，但管理和防范网络中用户的措施薄弱。现有数据库以各种数据融合形式存在，包括非结构化大数据时代独特的数据结构和传统数据库中的结构化数据。大数据安全的有效方案设计既要保证传统数据库的高效运行，又要考虑新的 Hadoop 大数据访问行为（提供高吞吐量的应用数据访问，适用于大数据集的应用）。此类仓储系统往往由第三方人员操作维护，一旦出现数据安全问题，很难追踪操作人员的真实身份。此外，滥用和误用高权限账户可能导致数据被修改和泄露，使数据库变得脆弱，难以划分责任、监测及跟踪危险。从监管层面来看，数据库日志本身存在被篡改和消失的风险，因此从信息审计的角度来分析，数据库日志无法体现数据审计的真实性和合理性。

目前，造成我国数据网络复杂的不安全因素很多。一是部门之间沟通不畅，缺乏统筹。不同地区的信息化发展水平差异较大，不同地方政府的政策也有不同的内容，难以形成统一的管理策略，缺乏统筹规划，很难解决我国网络发展水平的不均衡问题。二是网络信息安全缺乏整体规划和顶层设计。随着整个社会网络的日益普及，普通公众对网络的依赖程度越来越高，因此，网络信息安全必须上升到国家统一规划的战略高度。三是我国尚未形成网络社会的完整管理原则，也没有形成统一完整的立法体系。最后，网民整体安全防范意识相对薄弱。现阶段，网民虽然对网络安全和大多数社会规律有一定的了解，但还没有转化为有效的安全防范意识，也无法将这些认知落实到自己的互联网行为中。

11.7.3　公安大数据系统建设的问题

目前，大数据的收集、整合和应用还没有形成有效的工作机制。所有的数据处理都是各技术团队的规划和研究，但还没有与其他公安部门形成完善的信息工作流程和工作机制。工作交互是单向的，数据部门得不到及时反馈，其他公安部门无法有效利用数据信息提升业务管理水平。因此，整体警务工作在很大程度上仍然依赖传统警务思维和工具进行案件因果分析和决策判断。由于业务部门对数据不敏感，缺乏及时有效的数据采集，一些潜在有用的信息会被排除在分析视野之外。

其次，在一些地区，即使公安机关有大数据建设的意识，但由于没有全国统一的数据建设定位和部署，也没有具体的实施路线图，当地大数据建设盲目、缺乏经验，容易陷入低水平的重复建设，造成资源浪费。

最后，各地大数据建设组织力量薄弱。在整个警务梯队中，由于传统警务系统人员数量庞大，警务人员技能提升将是一个漫长的过程。目前，大数据建设缺乏业务专家和技术专家，难以形成推动大数据警务整体建设的合力。

11.7.4　技术问题

数据分析方法过于单一。大数据处理的难点在于对非结构化数据的挖掘和分析。目前，结构化数据分析工具在公安机关中仍然占据主导地位，传统的结构化数据分析更多地用于处理单一叠加类的数据。公安机关没有专门的平台或工具来处理非结构化数据。

对于非结构化数据的处理，主要困难之一是从非结构化数据中提取结构化数据。非结构化数据是从图片和视频等非传统数据中提取的一种特征，不能直接使用，而结构化数据可以被直接使用。例如，监控视频中的品牌、车型、车牌号、行驶方向和行驶速度等信息特征都是从非结构化数据中提取出来的，可以转化为结构化数据供人使用。目前，公安数据主要是监控视频数据和图片数据。非结构化数据可转换成直接由计算机处理并达到一定精度的结构化数据，从而处理模糊信息（如"2"和"Z"）。但是，公安大数据的准确性远远不能满足需求。以人脸识别技术为例，人脸识别技术的准确性是指基于人脸数据库 LFW 的对比测试结果。LFW 由麻省理工大学管理，被认为是测试深度学习系统的人脸识别能力的"问题库"。它包含 6000 张从互联网上提取的不同方向、表情和照明环境的人脸肖像，并支持任何系统测试准确率。LFW 给出一组图片，询问测试系统的图片是否同一个人，测试系统需要给出"是"或"否"的答案。然而，LFW 是一种纯粹的实验室级学术测试工具。在大数据、大样本的现实背景下，测试分数高的系统无法保持原有的结果，会大幅提高错误识别率，甚至整体功能都可能无法被有效使用。人脸识别技术等智能分析技术，是将非结构化数据转化为结构化数据的技术，是大数据后续应用的基础，准确性将是长期追求的安全保障。

所有存储特征数据的数据库，包括公安、工商每天产生的海量视频图像数据，都可以成为侦查案件的重要线索。目前，需要攻克的难题是如何通过大数据技术将这些数据通过相应的工具模块与传统数据处理容易忽略的数据连接，并找到它们之间的相关性，从而为案件侦破提供数据依据。

11.8　公安大数据建设的战略思考

11.8.1　大数据与公安大数据的影响及思维方式

数据是承载信息的载体之一。大数据时代，数据量的激增意味着人们的记录能力、研究能力、测量和分析能力不断增强。"大数据"一词描述了从海量数据中发现规律，提取有价值的数据进行研究和分析。公安大数据作为大数据在民生领域的表现形式之一，可分析公安信息，预测社会治安的形势。

大数据的发展趋势意味着各地传播的信息比以往任何时候都多。这种发展趋势为人们的工作和生活开辟了许多新途径。互联网的诞生重塑了人们的交流方式，大数据的诞生标志着整个人类处理信息的方式发生了变化。勋伯格指出："大数据的本质是，我们可以从大量的信息中学到从少量信息中得不到的东西。"在公安工作中，关于公安数据的知识（公安数据的收集、查询、分析和应用）将成为警务人员知识结构中必不可少的要素和基础。警务数据科学逐渐成为一门新的警务学科和警务技术领域。

大数据时代，社会思维发生了变化。过去，由于数据量小、数据类型单一，在处理数据时追求数据的准确性。在大数据时代，由于数据类型的复杂和数据量的巨大，人们更加重视数据的相关性。这种思维方式的转变有助于在公安大数据领域推动数据挖掘和辅助警务决策，为公安机关的发展提供新思路。

11.8.2　公安大数据的来源与信息公开

公安大数据主要有业务工作管理数据、社会状况和舆论调查数据以及社区治安监测整体环境数据 3 个来源。虽然这 3 种数据的来源不同，但相互重叠。进入数字信息时代，各种数据呈指数级增长。就程序和手段的合法性而言，数据收集的方法和内容应具有合理性、合法性和科学性等一系列特征。此外，在数据收集和存储过程中，应保护国家、警务人员和公安信息的机密性，同时也应保护公民的隐私权。此外，及时发布涉及国家生活、治安排查结果及相应的惠民政策的公安数据，及时发布权威数据，控制谣言。

过去，公安机关的业务数据主要由下属部门或其他组织通过开放的数据接口向公安机关报送和上报。但是，在信息如此之多的大数据时代，职能部门不应停留在接收数据一个方面，而应该积极开展民意调查等数据收集项目，掌握数据收集的主动权，充分了解公安部门的社会评价，听取建议。

过去，各行业产生的大量数据相互隔离，功能不相关，信息不共享，形成无数个"信息孤岛"。但公安大数据要打破壁垒，实现数据资源共享，完整地了解整个社会的运行状况。

目前，公安机关门户网站是最便捷的公安信息发布渠道，任何公民都可以直接登录、浏览信息。

11.8.3　推进公安数据仓库建设和数据挖掘

诺贝尔经济学奖获得者赫伯特·西蒙教授指出，人类的理性是有边界的，所以人类的决策都是基于有限理性的。进入信息时代后，存储在计算机中的信息可以为人类的理性决策提供更多的依据，拓展人类的理性边界，使决策更加科学。在这个过程中，如何将简单的数据转化为能够支持决策的信息和知识，是信息时代最重要的问题。这里首先明确了两个概念：信息是数据处理后获得的事物的表征；知识是关于数据和信息深度挖掘后获得的最本质的客观规律，是指导决策的行动指南。

改革开放以来，我国公安机关规模日益壮大，组织结构日益复杂，社会由相对静态向相对动态转变，信息的及时性、准确性要求越来越高。因此，开发公安决策支持系统是当务之急。为了解决数据集成问题，"数据仓库"的概念应运而生。数据仓库和数据库的最大区别在于，数据库的目的是运行系统来保存和查询数据，而新的数据仓库存储数据，主要用于数据分析和决策。数据仓库是公安机关分析海量数据的核心物理框架。数据来源于很多不同的系统，例如公安机关内不同的警种、公安机关外的各种社会子系统。即使这些系统运行在不同的平台，数据结构和物理位置也不同，也可以以统一的格式提取、管理、集成和分析它们的数据，最终进入警察数据仓库。

数据挖掘是指通过特定的计算机算法对海量数据进行自动分析，揭示数据之间隐藏的关系、模式和趋势，并为决策增加知识储备。公安机关根据警方内外不同的数据库，建立相应的数据仓库，进行在线分析和数据挖掘，用于研究分析社会的治安状况，预测犯罪趋势，为公安决策提供科学依据。传统的数据挖掘是指在结构化数据中发现隐藏规则。如今，非结构化数据的出现大幅增加了可用于挖掘的数据量，同时也大幅提高了对挖掘工具的要求。

11.8.4 以大数据推动公安管理改革与发展

一方面，公安大数据已经成为公安机关的重要组成部分之一。公安管理改革与发展的任务之一是将大数据渗透公安作战全过程，提高公安机关的整体能力。另一方面，数据本身也成为治安防控的目标。吉林警察学院曾指出：当大数据成为重要武器时，可能会开启一种全新的公安形态——数据公安（一种以数据攻击和保护为基本手段的警务作战形态）。数据安全是整个数据管理的底线，也就是说要有效封堵公安数据的漏洞，防止敌对势力和敌对分子破坏和获取公安数据。在这种情况下，公安机关必须掌握数据安全的主动权，提高整体警力和数据作战能力。

11.8.5 实施公安大数据建设的战略对策

数据库专家杰克·奥尔森（Jack Olsen）指出："数据能达到预期目的，它只能有质量。如果不能达到设定的目标和目的，就不能谈论质量。换句话说，数据质量不仅取决于数据本身，还取决于数据的使用。"在大数据时代，数据本身具有低密度的特点。因此，在强调数据建设的同时，我们应该时刻警惕泛大数据，不断丰富和完善各种数据标准体系，实现公安机关内部数据的统一、规范管理。

　　大数据的"大"不仅在于数据量的巨大，还在于人们可以分析的数据量巨大。人们可以通过数据获取的知识量正在增加，创造的价值也在增加。为了应对这场数据洪流，公安机关应从战略高度，以前瞻性的角度处理海量数据。

　　此外，我们应该投入足够的精力来建立一支基于数据的警察队伍。在大数据时代，公安机关应该不断提高自己的信息处理能力，同时要推进全警队伍数据化训练，引导全警队伍践行信息化服务，从根本上提升整个公安机关的能力。

第12章 旅游行业大数据应用实践

12.1 概述

旅游行业是我国经济增长的重要动力，是提升国民幸福指数的重要领域，也是我国服务业的重要组成部分。旅游行业已成为我国消费、投资、进出口三位一体的重要驱动力和供给侧改革的重要组成部分。

党的十九大以来，数字经济发展迅速，已成为世界上最重要的产业基础、商业模式和经济形态之一，从根本上改变着人们的生产和生活方式。"十四五"期间，新一轮科技革命到来，新一代人工智能、物联网、大数据等具有广泛影响的数字经济领域将实现新突破和快发展。数字经济已成为我国经济新动能的关键和国际竞争的核心，我国将继续巩固和扩大数字经济的优势。5G网络、工业互联网等作为新型基础设施建设的主要领域，催生了旅游行业的直接投资与衍生投资。

随着各行各业纷纷"上云"，大数据技术已经在推动我国经济发展模式革新，朝着数字产业化、产业数字化的方向前进。与此同时，移动支付、电子商务、智慧政务、远程医疗、人脸识别等数字服务已经完全渗透社会的各个方面，这些技术的发展趋势、社会生活方式和居民消费偏好的转变共同推动了文旅产业进行供给侧改革。旅游行业的大数据技术应用并不仅仅是简单的数据交易，而是不断利用大数据技术对游客行为数据进行建模和分析，以获得游客特征的认知和理解，在精确分析游客行为的基础上，挖掘游客的真实需求，助力旅游行业从景观性、普适性向体验性、独特性转变，全面提升游客在整个旅游过程中的服务体验。

12.2 旅游大数据需求与特点

12.2.1 旅游大数据需求

旅游大数据主要经移动终端设备通过互联网／移动互联网传输，主动感知旅游资源、旅游经济、旅游活动、游客等信息，及时发布旅游信息，实现各类旅游信息的便捷利用。总体概况来说，旅游行业对大数据的需求主要集中在以下 3 点。

1. 提高服务质量

利用旅游行业数据库进行分析，建立纵向和横向纬度模型，依靠旅游行业数据的分析推演，有效了解政府旅游部门和景区公共服务体系结构，切实提高旅游公共服务满意度。

2. 改善经营管理

通过对大量数据的不断挖掘和分析，保障旅游部门和景区负责企业的管理工作。根据游客的行为特点，提供合适的旅游产品和服务，利用大数据技术进行产业运行状况分析，有效地进行实时监测和管理，是推动旅游产业发展的必要手段。

3. 改变营销策略

利用大数据技术可以了解游客画像、掌握游客的兴趣偏好和需求，以达到真正的"投其所好"，以效果最大化实现旅游资源推广。

12.2.2　旅游大数据特点

"旅游大数据"是指在旅游的"住、食、行、游、娱、购"六要素领域所产生的数量巨大、传播迅速、数据类型丰富（有结构和非结构的）、富有价值的数据集合，并且可以通过大数据技术（例如，云计算、分布式存储、流运算、大数据算法、NoSQL 数据库等）进行数据相关性分析和数据可视化，从而使游客体验更加丰富。根据统计数据分析，社交媒体上与旅游行业相关的用户生成内容超过 60%。

旅游大数据除了具有大数据的四大特征（数据规模大、数据类型多、处理速度快、数据价值化），更具动态性和密集性。同时，旅游行业是一个信息依赖度高的行业，本身就是大数据的最佳试验场。因此，大数据虽然在旅游行业的起步时间晚，但发展速度很快。

处理大数据的过程大致可以分为数据收集、数据清洗、数据分析和数据呈现 4 个部分。数据收集是整个大数据领域的瓶颈，旅游大数据也不例外。大量数据科技公司和研究机构离不开大数据，纷纷涌向开放数据。然而，数据清理和数据分析往往是数据收集者（即拥有数据的部门）的弱点。

因此，对于数据拥有者（例如旅行社）来说，由于它们具备先天优势（有数据）和后天劣势（没有数据技术），适合与大数据科技公司和研究机构进行良好的合作，获得它们对数据挖掘和建模的技术支持，数据拥有者可以直接获得所需的数据分析结果，并将其用于真正有意义的业务开发。

虽然大数据是一个新概念，但最终它需要被证明是合理的，对用户来说是清晰易懂的。因此，视觉展示也不容忽视，尤其是在旅游行业。目前，数据可视化已逐渐应用于旅游企业的产品规划、精准营销、应急响应和旅游行政部门监管等方面，这将使未来的旅游服务更加高效。

12.3　旅游大数据平台建设

12.3.1　旅游大数据平台建设目标

旅游大数据平台将从游客对旅游线路的选择入手，贯穿各个景区的旅游流程，以及景区内外的衣食住行服务，并将持续审核行程结束后的评价，也为游客的整个旅游行程提供智能化的全周期服务，整体将实现以下目标。

1.　实现旅游行业精准定位

随着大数据时代的不断发展，只有借助数据挖掘和数据采集技术，才能保证足够的样本量，建立基于大数据的数学模型，有效预测旅游市场的未来发展。旅游行业市场研究的大数据包括：某个地区的人口数、消费水平和习惯、产品的市场知名度，及其背后的大量信息。

2.　实现旅游行业市场精准营销

旅游行业营销工作的每一个要素都与大数据的收集和分析息息相关，充分了解旅游市场信息，了解旅游市场动态，了解产品的市场定位，以便精准营销，更好地服务游客，是旅游行业营销工作的重中之重。

3.　实现旅游行业监测与预测

需求预测是通过大数据分析，采取科学的预测方法，建立有效的数学模型，使旅游企业管理者了解旅游行业潜在的市场需求，以及未来一段时间内旅游市场每个细小环节的产品销量和产品价格走势等，从而使旅游企业能够通过动态调节价格来维持市场的供需平衡。同时，利用大数据进行舆情监测，具有发现快、信息全、分析准的优势。旅游企业可在第一时间发现负面舆情，全面掌握民意和民情的发展动态，旅游大数据平台能及时反馈最新的舆情信息并自动呈现。

12.3.2　旅游大数据平台建设原则

旅游大数据平台建设原则如下。

① 旅游大数据平台须具备先进、成熟的技术架构。

② 旅游大数据平台应提供有效的部署方案、灾后恢复及灾难解决方案，应支持旅游大数据平台的软硬件升级和功能扩展。

③ 旅游大数据平台架构中的各层应使用成熟、符合技术标准的产品。

④ 旅游大数据平台应充分考虑数据应用的安全性，并提供完善的数据日志跟踪与分析功能。

⑤ 旅游大数据平台的应用系统开发要求运用主流 Web 应用开发技术，且基于面向服务的体系结构，用搭积木的方式进行灵活组织。每个应用模块的开发维护应方便快捷，使其可以动态地适应功能需求的变化。另外，在旅游大数据平台云计算环境中，支持用户根据自己的需求构建个性化的应用环境。

⑥ 在可视化方面，旅游大数据平台可充分利用图形显示技术，例如条形图、饼图、进度图、折线图、柱形图、雷达图、仪表盘、热图、关系网络图、气泡图、树形图、框图、散点图、弦图、可滚动信息列表、网格等可视化方法。

⑦ 旅游数据分析应从大量复杂的旅游大数据中提取未知的、有价值的模式和规律，对比、选择、概括数据规律。数据挖掘技术的应用可提高政府的决策能力，构建旅游行业大数据应用。

⑧ 通过应用建模，旅游市场秩序指标和满意度指数形成。

⑨ 旅游大数据平台采用应用与数据通道分离的方式，提供基于 http、Web services 等通用数据交换接口，采用 JSON、XML 作为数据交换格式，支持与第三方软件进行数据交互，集成各种复杂网络拓扑结构下的数据接入。

12.3.3　旅游大数据平台系统架构

旅游大数据平台系统架构如图 12-1 所示。

房产

大屏展示		旅游数据BI报表

大数据应用 / **大屏展示适配**

大屏展示：
- 领导驾驶舱
- 基础数据展示:客流来源、景区客流、停车场视频、门票销售
- 实施运行监测:资源检索、进出流量、饭店流量、住宿流量、旅游收入
- 景区监控：实时信息、实时视频、流量预测、资源检索
- 舆情监测：最新舆情、关键词、热门排行、情感分析

旅游数据BI报表：
- 销售分析报表
- 旅游资源分析报表
- 客户分析报表
- 销售活动分析报表

大数据治理

数据标准规范体系 / 数据治理规划 / 数据资产管理 / 数据采集→数据清洗→数据汇聚→数据应用 / 数据基础管理 / 数据安全防护体系 / 数据资产可视化 / 资产运营驾驶舱 / 数据资产运营平台 / 数据综合治理平台

大数据分析
- 景区客流到访对比分析
- 消费与住宿水平对比分析
- 游客基础属性分析
- 游客兴趣偏好分析
- 游客浏览轨迹分析

大数据采集和接入

企业信息采集		公共资源信息采集		游客信息采集		舆情信息采集
企业OA	内部系统	气象数据	电信运营商	票务系统	旅行社	微博
客户数据	供应链	大众点评	GIS	OTA¹	酒店	OTA
销售数据	……	空间数据	……	餐饮	……	旅游内容网站

第三方系统对接

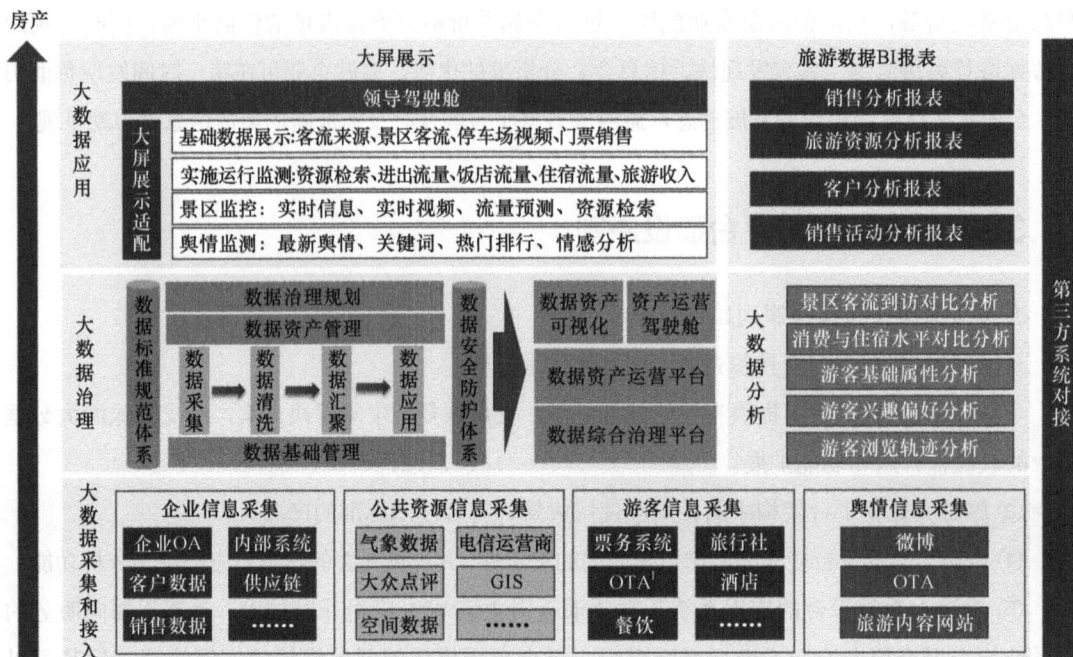

注：1.OTA(Online Travel Agency，在线旅行社)。

图 12-1 旅游大数据平台系统架构

1. 大数据采集和接入

旅游大数据平台可进行景区门票销售数据采集、微信平台数据采集、分销平台数据采集、气象环境数据采集、房产数据采集、舆情数据采集、物业数据采集、业务数据采集、车辆数据采集和电信运营商数据采集等。

2. 大数据治理

旅游大数据平台应建立基于旅游数据中心的数据管理，实现数据管理自动化，提高数据管理效率，保证数据质量，实现数据安全交换，主要包括元数据管理、数据标准管理、数据质量管理、数据集成管理、主数据管理、数据交换管理、数据资产管理、数据安全管理和数据生命周期管理等功能模块。

3. 大数据应用

旅游大数据平台的数据应用主要包括领导驾驶舱和旅游大数据 BI 报表功能。

（1）领导驾驶舱

领导驾驶舱的功能主要包括天气监测、环境监测、微信服务数据监测、实时客流量、游客数据分析、旅游投诉监测、旅游评价监测和网络舆情监测等，以及有效进行预订统计、分销渠道分析、停车场车位数预警、运营车辆定位、执法人员定位和视频实时预览等。

（2）旅游数据 BI 报表

旅游数据 BI 报表包括销售分析报表、旅游资源分析报表、客户分析报表和营销活动分析报表等。

12.3.4　旅游大数据采集

1. 景区门票销售数据采集

在数据采集工具中加入配套程序（需开发程序），访问票务系统开发的数据接口（需票务系统有此功能），获取数据，并进行数据清洗（清除不符合规范的数据），最后将数据存储在旅游大数据平台的数据仓库中。

采集数据包括但不限于以下数据：当日实时售票数量（各种类别）、售票单价（各种类别），以及景区编号。如果因网络问题对接失败，可采用人工录入方式向旅游大数据平台输入汇总数据。

2. 微信平台数据采集

微信平台不提供对外部系统的数据服务功能，需要以人工录入方式向旅游大数据平台提交汇总数据。

采集数据包括但不限于：昨日粉丝数量、今日粉丝数量，以及微信编号。

3. 分销平台数据采集

景区、酒店、饭店等与 OTA 协同向旅游大数据平台提供数据接口，在数据采集工具中加入配套程序（需开发程序），访问 OTA 数据接口，获取数据，并进行数据清洗（清除不符合规范的数据），最后将数据存储到对应的旅游大数据平台数据仓库中。

采集数据包括但不限于：当日各类实时票价、销量及各景区编号。若因网络问题导致对接失败，则允许采用人工录入方式向旅游大数据平台输入汇总数据。

4. 气象环境数据采集

旅游大数据平台需要协同气象部门获取各个景区的实时气象信息，如果因为其他问题不能正常获取，将使用省气象台发布的气象信息作为景区气象数据的依据。

在数据采集工具中加入配套程序（需开发程序），访问省气象台的数据接口，获取气象数据，并进行数据清洗（清除不符合规范的数据），最后将数据存储到旅游大数据平台的数据仓库中。

12.3.5 旅游大数据分析及应用

1. 涉旅企业大数据管理

从景区的长期发展来看，景区规模不同于效益，规模越大并不意味着效益越高。对于多地、多景区独立运营的大型景区，必然会遇到战略分散、组织分散、流程分散、信息分散、资源分散等各类发展瓶颈，因此要通过信息化破除瓶颈，助力实现"五大整合"目标：战略一致、组织扁平、流程优化、信息集中、资源共享，从做大走向做强，从实现规模扩展走向效益扩大。涉旅企业大数据整合思路如图 12-2 所示。

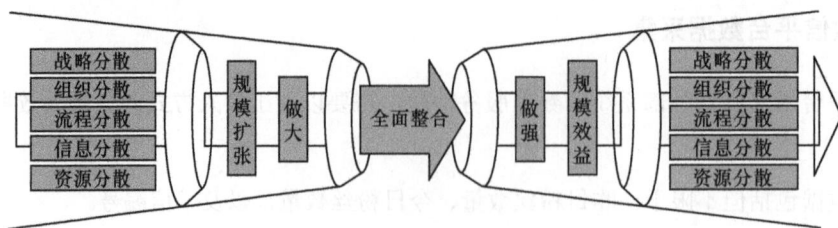

图 12-2 涉旅企业大数据整合思路

（1）从战略分散到战略一致

同一旅游管理部门的各个下属景区，需要在旅游管理部门的领导下，统一执行与落实共同的发展战略，为同一个目标共同努力。

（2）从组织分散到组织扁平

对于不同管理模式的下属景区，旅游管理部门通过扁平式组织管理模式，建立系统、科学、规范的管理制度体系，确保景区管理有序、高效运行。

（3）从流程分散到流程优化

下属景区可能存在各种隐性或显性的流程问题，旅游管理部门需要在内部进行流程清洗、梳理、整合、优化并贯彻、落实、执行。

（4）从信息分散到信息集中

景区的不断发展带来了越来越丰富的信息资源，促使分散在旅游管理部门的各个部门和各个下属景区的信息资源需要更加有效的管理方式，以领导决策为导向，在景区范围内进行信息采集、汇总、存储、管理、统计分析、统一发布来实现所有信息的高效管理。

（5）从资源分散到资源共享

旅游管理部门与每个下属景区都有其庞大的内部景区资源与外部社会资源，这些都是景区发展壮大的宝贵资源，唯有将这些资源一体化整合、管理与利用，才能发挥景区的整体综合优势。

① 景区大数据管理。实现实时监控旅游景区，同时完成景区相关实时经营数据（包括景区门禁、停车场空位等）的接入，全方位掌握景区实时动态信息。信息化成熟的景区可自动连接系统，信息化欠佳的景区可采用人工填写时间的方法。景区大数据管理对接内容见表 12-1。

表 12-1　景区大数据管理对接内容

序号	对接项	对接内容说明
1	基础数据	景区最大接待量，用于展示景区舒适度
2	客流量数据	与门禁系统实时对接，也可采用人工填报形式采集客流量数据。要求实现分时段的数据接入
3	景区停车场信息	为更好地为游客提供服务，需要接入景区的停车场信息，包括停车场位置、停车场容量和当前剩余车位信息
4	景区视频监控	为快速接入景区视频监控，应充分利用景区现有资源，进行视频监控中间件开发，以支持不同品牌摄像头的接入。 需要向景区提供包括摄像头厂家、SDK 二次开发包、摄像头类型等相关信息
5	重要景区或区域客流量	方便各级旅游管理部门加强对重要景区或区域的客流量监控，在景区客流量超标时，旅游大数据平台能够自动告警，由旅游管理部门疏导游客，从而降低应急事件发生的概率
6	景区导览图	导览图、视频监控、景区危险区域等信息的集成，可以帮助旅游管理部门有针对性地查看相关信息，从而实现日常运行监管和安全应急指挥调度

序号	对接项	对接内容说明
7	应急救援队伍和应急预案	应急救援队伍信息，主要包括负责人名称、联系电话、人数。 应急预案针对应急事件设定的相关救援处置预案和应急流程等相关信息

② 酒店大数据管理。实现全市三星级及以上酒店的基础数据共享，同时实现实时监控经营数据（例如，酒店大堂、酒店停车场等的监控视频，以及酒店客房入住率、房态信息、网络预订信息），实时掌握酒店的日常经营情况。

酒店大数据管理对接内容见表 12-2。

表 12-2　酒店大数据管理对接内容

序号	对接项	对接内容说明
1	基础数据	酒店房型、客房数
2	视频监控	公共区域，例如酒店大堂、酒店停车场等的监控视频
3	客房入住率	每日推送各类房型的客房入住率，用于旅游管理部门分析游客的偏好、需求等相关信息
4	房态信息	用于旅游管理部门监管企业运营
5	网络预订信息	汇总与酒店合作的各 OTA 商家的住宿预订信息
6	应急救援队伍和应急预案	应急救援队伍信息，主要包括负责人名称、联系电话、人数。 针对应急事件设定的相关救援处置预案和应急流程等相关信息

③ 乡村旅游大数据管理。实现全市乡村旅游点的基础信息和经营信息共享，协助旅游管理部门对旅游行业的监管。乡村旅游大数据管理对接内容见表 12-3。

表 12-3　乡村旅游大数据管理对接内容

序号	对接项	对接内容说明
1	基础数据	企业名称、类型（农家乐和乡村酒店）、等级、法人、所在地区、地址、联系电话
2	经营信息	游客接待情况（接待人数、接待收入）、客房入住率
3	视频监控	对于配备视频监控的企业，可按需接入其重点区域的监控视频

2. 旅游人才大数据管理

完善旅游人才的信息采集、查询、统计分析等功能，通过数据交换中心，实现与旅游企业、旅游研究机构、统计机构、旅游培训机构的数据协同管理，包括旅游人才专业、领域、年限，以及其他基础信息。

为各个类型的旅游机构设置不同的人员信息要求，主要收集员工姓名、性别、证件类型、执业情况等信息，并能通过索引查询和汇总数据。

人员管理模块下设置：旅游企业、旅游研究机构、统计机构、旅游培训机构、人员信息备注等模块。

3. 基于大数据的评价管理

通过旅游平台官网、公共服务平台、电话等多种渠道收集游客的意见和建议，管理人员可以处理事件并跟踪过程，对评级和报价进行分类、创建统计图表等。

建立互动旅游评分系统，整合旅游平台官网、公共服务平台、电话、二维码等信息，为游客互动评分提供数据，实现与第三方平台对接。通过开放界面，让游客可以链接微博、微信、社区网站账号，参与在线互动和评价，让游客方便、及时地评价旅游企业。为游客提供参与旅游行业公众监督的便利，以间接规范旅游企业和服务从业者的行为，达到提高旅游服务质量的目的。

信用评价法是指对被评价对象的信用状况进行分析和判断的技巧，贯穿分析、综合、评价的全过程。根据各种特点，信用评价法有不同的分类，例如，定性分析法和定量分析法、主观评级法和客观评级法、模糊数学评级法和财务比率分析法、因子分析法和复杂分析法、静态评级法和动态评级法、预测分析法和违约率模型法等。上述方法相互交叉，各有特点，并在不断更新和发展。例如，在主观评级法和客观评级法中，主观评级法更多地依赖估值人的定性分析和被评估机构的综合判断，而客观评级法则更多基于客观因素。

4. 旅游大数据领导驾驶舱

智慧城市指挥中心可以实时展示各个景区的系统运行情况、各类数据统计信息、视频资源等，也支持在 GIS（地理信息系统）地图上点击相关图例，了解各个景区相关的资源信息。

旅游大数据领导驾驶舱主要使用者是旅游管理者，一是可综合利用 GIS 实现旅游资源数据（空间数据和属性数据）的海量存储；二是借用 GIS 模型可使旅游资源的评价更加客观，使旅游市场的预测更加准确和科学；三是在 GIS 中进行旅游资源开发信息的查询，不仅快捷、方便，而且会更直观，查询结果不仅以表格、文字的形式呈现，还会以地图的形式呈现，让人耳目一新。

对普通游客而言，旅游大数据领导驾驶舱可以为游客提供关于景区信息、旅游饭店、道路交通拥堵情况、交通工具选择等详细信息的查询，并根据游客的需求及客观条件为游客提供旅游路线参考方案，使游客获得更多、更新、更有价值的旅游信息和更优惠、更高质量的旅游服务。

旅游大数据领导驾驶舱整体设计主要包括以下 4 个方面。

（1）集中管理展现

面向旅游管理部门，基于统一的数据标准及数据资源库，实现对下属景区数据的集中展现，以及对数据资源的统一管理。

（2）分类统计数据展现

提供对下属景区游览车运营、自行车租赁、停车场车位的使用，以及游客流量信息、安防监测信息等业务数据的分类集中展现功能。

（3）设施点位查看功能

基于地图显示各个景区游览车点位、游船点位、消防栓、室外视频监控设备和景区安保人员位置等重要点位信息。

（4）视频信息远程查看功能

基于各个景区地图实时查看监控图像，具备远程云台镜头控制等功能。

5．基于旅游大数据的决策分析

通过对各个景区的不同数据进行分析，实现实时监管各个景区的经营状况，例如，对比分析判断客流趋势，在客流量达到阈值时提供应对策略。

（1）景区人流实时监控预警

通过购票人数、实际进入人数等情况，采用仪表盘和柱状图的方式呈现。实时人数是根据景区平均滞留时间推测得出的，系统设定不同阈值，当游客人数达到某一阈值时，会发送短信自动提示景区相关负责人。

（2）未来十天预订信息监控预警

通过网络预订信息，景区运营部门可以初步预测未来游客高峰等信息，做好引导工作，避免出现人流蜂拥等情况。

12.4　旅游行业应用趋势分析

《数字中国指数报告（2020）》显示，旅游行业的"用云量"显著增长，增速更是超

400%，正处于数字化转型的初级阶段和飞速增长阶段，未来还有广大的发展前景。数字化为产业高质量发展赋能将成为旅游行业的发展趋势，旅游行业需要抓住数字经济发展机遇，升级产品形态、优化产业结构、创新商业模式。

12.4.1　大数据促进旅游时空融合

1. 时空与虚拟现实融合，增强线上线下互动

旅游行业要利用大数据技术的交互性、集成性、智能化优势，以大数字平台为载体，连接线下联系人，接入云渠道，形成服务闭环。通过"App""微信公众号""微信小程序"等旅游应用，提高旅游数据和信息的集中度和可访问性。以大数据平台的供给侧和可视性，打造更加高效便捷的旅游服务场景。同时，利用物联网、5G、AR/VR 等技术，将物质资源和无形资源智能整合，将真实场景与虚拟场景相连接。

2. 跨区域地空融合，充分释放旅游市场

大数据业务平台的兴起，为旅游产业供应链的创新提供了契机。短视频、直播等新兴远程输出形式，解放了传统的现场营销思维，成为旅游景区推广营销、增加流量、建立关系的重要渠道。线上引流只是第一步，超维消费才是关键。数字平台可以帮助旅游行业扩大市场范围，开辟新的消费渠道。通过"云旅游"形式，旅游景区可以打破地域和形式的限制，实现消费场所、商品的多元化和消费内容的多维度。

3. 打通城市与乡村的边界，以旅游振兴乡村经济

随着人们对美好生活需求的不断提升，其旅游消费偏好也呈现出休闲、短途的发展趋势，乡村文化旅游成为行业新热点。乡村旅游有助于改善农村"三农"产业结构，促进城市资源向农村流动，是实现城乡融合和乡村振兴的重要手段。但与传统旅游景区相比，农村旅游面临范围大、项目多、条件差、起步晚等挑战。因此，发展乡村旅游，要利用数字经济，积极推进新农村基础设施建设，搭建乡村旅游大数据平台，打造"乡村旅游大脑"，提升智能感知能力、协调信息能力和数字化管理能力，打通数字中国农村"最后一公里"，有利于发展乡村旅游，助力振兴乡村经济。

12.4.2　大数据助力旅游供给侧提质增效

1. 大数据催生旅游新模式、新业态

首先，人们对旅游的传统观念已经发生了变化，更追求旅游品质。应用大数据技术改造升级现有旅游产品，创新呈现形式，丰富体验内容，深化旅游融合，打造互动沉浸式旅游消费场景，能够更好地满足新时代游客的需求。例如，AR/VR 展览、手持互动、数字文化创意产业等，都是数字经济驱动下产生的旅游产业新模式、新业态。

大数据技术促进跨界融合，打造旅游新景区。2020 年，杭州将十家数字经济企业打造成旅游景区，推出"十大数字经济景区旅游点"，阿里巴巴、海康威视、云栖小镇等知名企业纷纷入驻，受到广泛关注和好评。"十大数字经济景区旅游点"只是一个序幕。随着数字经济的不断渗透，以及大数据、物联网、5G 等新技术的应用，旅游行业的数字化转型也将由横向新业态发展向纵向新生态演进，占领现有市场以创造新的市场模式。

2. 数据治理旅游，让服务更精准、让管理更智慧

旅游行业要有效利用大数据、5G、物联网、云计算等信息技术，以云计算平台为媒介，提升旅游服务供给水平和效率，系统整合旅游资源，实现实时监控、管理和发布旅游信息，构建"一站式旅游智慧大脑"。

同时，旅游行业要有效对接城市大脑，打破行业和部门壁垒，打造开放的筹资机制。利用游客行为轨迹、消费轨迹、时空轨迹等个体数据，以及交通、天气、公共安全、舆论等公开数据，充分实现智能化。一方面，基于旅游行业大数据，旅游企业可以创建更精准的游客画像，从而推出个性化的旅游产品和服务。另一方面，"旅游大脑"与"城市大脑"的连接，将有助于构建智能监管机制和响应机制，提升区域管理效率，真正实现利用大数据技术管理旅游产业。

12.4.3　大数据推动旅游行业社会化发展

1. 大数据助力旅游行业生态形成

依托大数据平台、"城市大脑"等，旅游行业可与其他行业形成资源共享、信息共享、品

牌互动、消费互促、管理互动和增值的整合机制，改变传统单一的业务模型。新资源、新业态、新商机将增加旅游行业的可持续性，打造开放协同的产业生态系统，促进旅游行业健康发展。融合文化创意产业的故宫博物院、融合演艺产业的横店影视城、融合 AR/VR 技术的南京博物院，都是旅游行业与其他产业灵活融合的成功案例。

2.　大数据为旅游行业的社会化就业提供了平台

旅游行业正面临着真正的挑战，例如，淡旺季劳动力需求的巨大差异，以及从业人员工作地点和工作量的多变。随着大数据、5G、物联网、云计算平台等技术的发展，基于互联网平台的社会就业模式改变了传统的劳动关系，打破了本地就业的局限性。旅游行业可以利用互联网平台，打造线上线下相结合的灵活用工机制，将更多岗位战略性上云，摆脱空间地域限制，增加工作弹性。同时，大数据技术拓展了社会就业渠道，催生了许多与旅游相关的新职业，例如，互联网关键意见领袖（Key Opinion Leader, KOL）、旅游体验官等。大数据技术促进了社会就业，可以有效帮助旅游行业减轻经营压力、降低成本、提高效率，提高了旅游从业者工作的灵活性，进而推动劳动力市场朝着健康、积极、可持续的方向发展。

第13章 工业大数据应用实践

目前，世界主要工业化国家启动了以"信息技术与生产一体化"为特征的新一轮产业革命，加快了新一代信息技术的发展。随着我国制造业的转型和现代化发展，工业大数据发挥着不可替代的作用。未来，产业大数据的创新发展必将成为提高制造业生产效率和竞争力的关键因素。

13.1 工业大数据内涵

工业大数据是工业企业和生态系统获取或使用的数据的集合。它不仅包括来自 CAX、MES、ERP 等信息系统的内部数据，生产设备、智能产品等的网络数据，而且包括来自上下游工业网络、互联网，以及气象、环境、地理信息等外部跨境数据，涵盖与企业设计、制造、售后服务和管理相关的数据。

从数据源来看，工业大数据主要包括以下三大类。

第一类是与企业经营有关的交易数据。这些数据来自企业信息，包括企业资源计划（ERP）、产品周期管理（PLM）、供应链管理（SCM）、客户关系管理（CRM）和环境管理系统（EMS）。这类数据是工业企业传统的数据来源。

第二类是机械设备数据。主要是工业过程、设备、材料和产品在运行过程中，状态特征、环境参数等生产数据通过 MES 实时传输，目前，在大量使用智能设备的情况下，这类数据的增长量最快。

第三类是企业外部数据。包括工业企业产品销售后的使用和运行数据，以及大量客户数据、供应商名单、外部互联网数据等。

13.2　工业大数据产业发展现状

13.2.1　政策支撑

1. 中国政策

我国先后出台了一系列综合性政策类文件，对工业大数据的发展提出了明确指示，它涉及我国工业大数据的开发、工业应用和标准化过程。我国关于工业大数据发展指导政策见表 13-1。

表 13-1　我国关于工业大数据发展指导政策

序号	政策名称	发布日期	发文单位
1	《关于积极推进"互联网 +"行动的指导意见》	2015 年 7 月	国务院
2	《促进大数据发展行动纲要》	2015 年 8 月	国务院
3	《国务院关于深化制造业与互联网融合发展的指导意见》	2016 年 5 月	国务院
4	《国务院关于深化"互联网 + 先进制造业"发展工业互联网的指导意见》	2017 年 11 月	国务院
5	《工业和信息化部关于工业大数据发展的指导意见》	2020 年 4 月	工业和信息化部
6	《工业互联网创新发展行动计划（2021—2023 年）》	2021 年 1 月	工业和信息化部
7	《"十四五"智能制造发展规划》	2021 年 12 月	工业和信息化部

2. 国际政策

随着云计算、大数据、物联网等技术的发展，全球范围内掀起了新一轮的产业转型，以制造业转型升级为首要任务，世界主要工业国家相继制定了工业发展策略。

美国：2014 年，白宫办公厅发布《2014 年全球大数据白皮书》，从国家战略的高度解读了大数据的涵义、管理、应用和政策建议。2018 年 10 月，白宫发布了四年一次的《美国先进制造领导战略》，提出引领智能制造的未来，建议使用数字制造技术，制定数据兼容性标准，实现智能制造的无缝集成。

德国：2015 年 4 月，德国提出"工业 4.0"战略，通过数字化转型使德国保持强有力的国际竞争地位。

法国：2015 年，法国推出"新产业法国战略"，总体布局为"一个核心，九个支点"，旨在通过数字化创新驱动法国工业转型升级的新战略。

13.2.2　典型应用场景

1. 智能化设计

智能化设计是支持工业企业实现智能化生产全过程的重要条件。设计数据包括产品模型、个人数据，以及由企业开发人员或消费者通过自动化设计、自动化制造等多种辅助工具开发的相关信息，自动化设计、产品数据管理在工业大数据的设计应用可以有效提高科研人员的创新能力、研发效率和研发质量，促进协同设计。客户与工业企业的互动和业务关系会产生大量的数据，这些数据可以帮助客户参与产品需求分析和产品设计等创新活动，打造创新与合作的新模式。

西门子在数字化环境下创造了基于模型和仿真的研发，有效提高了设计质量，节省了研发成本。借助数字化手段，玛莎拉蒂加快了产品设计，开发效率提高了 30%。传统的产品设计模式是基于开发人员的灵感和经验，根据消费者的喜好来设计产品，针对性不强，定位不准确，而工业大数据可以贴近消费者和设计人员，准确量化客户需求，指导开发过程，改变产品设计模式。

产品生命周期的不同环节，需要利用大数据等相关技术实现智能资源的有机集成，将产品生命周期设计所需的大数据分别集成到不同的设计过程，并在高度有序的条件下演示产品生命周期大数据与设计之间的关系。GE 公司利用 Predix 平台优化自身发动机的设计，该平台分析了产品交付后的数据使用情况，借鉴丰富的飞行信息和反馈经验，优化末端模型设计、制造过程中的参数和环节，并改进了发动机的结构，提高了发动机的性能。通过优化大数据处理和定光负载定制应用的开发，定光数据处理技术获得了 5000 小时的工作模式，1 个数据仿真周期，1 轮、半个月处理速度，每周 3 轮、1 个周期 30 个仿真数据的处理速度，提高了迭代速度和开发效率。

2. 网络化协同制造

在制造业以微可控、全自动为趋势的时代，基于工业大数据处理技术的生产环节涉及设计、销售、运行、维护和加工，从"信息孤岛"向信息化、协同管理转变，促进生产链各个环节的并行组织和优化。此外，大型数据平台在整个生命周期内收集并将生产链各个环节的微观数据输入微型存储库，通过信息技术、自动化技术，形成现代管理和生产技术知识库，促进整个产业链的智能协同，优化生产配置和资源利用，消除效率低下的中间环节，全面提升制造业发展水平，提升企业竞争力。产业数据以网络化、协同化生产中的应用为主要方向，例如，供应链管理系统优化、生产资源优化等。

（1）联合开发和生产

通过社会合作和参与资源开发，企业可以依靠自身的研发需求，例如，建立新模式提高企业利用社会资源创新的能力。

基于一致的生产资源设计平台和信息平台集成的设计工具库、模型库、制造业企业生产能力知识信息库，对位于产业链上下游的企业实现多目标互联互通和多目标任务，加快新产品联合开发和研发进程。基于 INDICS 平台，发展云设计，打破虚拟样机覆盖范围广泛的复杂产品，实现了复杂产品跨学科优化设计，设计部门会同工程技术总装开发总厂，缩短了研发周期，提高了资源利用率，促进了生产率增长。

（2）优化供应链管理系统

对于许多企业，实现实时微数据和实时数据远程监控跟踪所有供应链组件，能够提高供应链可见性和透明度。空间微型挖掘模型能够实现供应链物流的实时智能化解决方案，优化物流，优化光栅电路，实现供应链物流的高效智能化运行。整个生产链的数据集成能够优化整体生产系统，使生产系统更具活力和灵活性，进一步提高生产效率，降低生产成本，优化供应链内的分销系统，快速响应用户需求。供应链管理系统通过分析供应链数据将提高存储、分销和营销效率。

（3）优化生产能力

企业通过产业数据技术，可确保生产资源、生产过程和信息的透明度，即使在不同物理区域生产资源多样化的情况下，也要按照优化资源配置实现节约的要求，保证高质量零部件的高效生产。产业数据平台可实现产业企业的装配、交付和开放自由生产，实现产能网络租赁和利益共享。例如，沈阳机床以工业数据库为基础，为锻造公司提供 I5 机床租赁服务，有效降低了用户融资门槛。

在众多可靠网络资源的支持下，制造业企业在商品生产的各个阶段都获得了增值，促进了创新资源、生产能力和市场需求的融合，加强将资源纳入供应链的能力，提高社会不同生产资源之间的互动效率。

3. 智能化生产

智能化生产通过智能系统设备的升级集成，加快生产过程自动化、智能化进程。从数据采集入手，生产阶段工业大数据的驱动力是数据关系分析及其反馈。在生产阶段，对采集的数据进行清理、筛选、关联、集成、索引、挖掘，形成应用分析模型，有效地将数据转化为信息知识。在生产阶段，通过分析生产单元分配、资源管理、产品流量管理等信息的联系，为合理的库存管理、产品发布计划和时间表提供数据支持。此外，结合实时数据，对生产过程进行评估和预测，对生产过程进行实时监控和调整，并解决发现的问题，优化整个产业链的互联互通，完成从信息到价值的转变。

通过收集和汇总设备运行数据、工艺参数、质量控制数据、物料分配和进度控制数据，在生产现场使用大型数据处理和反馈技术，以及在生产过程中应用特定场景的工业数据集，以优化生产过程。

在生产工艺上，围绕生产工艺流程参数、设备运行模式参数、产品质量、生产卸载线、能耗等数据深入挖掘，形成闭环数据，得到工艺参数的最佳区间，更好地控制生产质量等调节手段，提高生产质量。数据重加工图像实时采集分析系统设计，快速识别冲压表面缺陷，同时，结合质量控制数据，对生产工艺参数、产品设计参数、产品成形进行挤压质量控制闭环耦合分析，实现了产品质量控制精度提升优化。根据锅炉燃烧机理，阿里巴巴深入分析了锅炉燃烧过程中的关键因素，找到了锅炉的最佳运行参数，使燃煤效率提高了4.1%，降低了能耗。

优化生产过程现场管理基于规范的经营理念，开展全过程数据集成与生产分析、物料管理、企业管理等，从而提高生产精度。通过组合生产各个环节的数据，将工业生产过程数据联系起来，建立虚拟模型，对生产过程进行建模和优化。当所有的微型企业和指标都能在系统工程中构建时，综合分析微数据库创建的各个环节，帮助企业改进生产流程。基于BIOP的工业互联网平台，借助产业大数据分析技术，在制造铁、工业锅炉、压缩机等行业应用实现显示、实时监控、智能诊断、数字协同优化，以及生产工艺流程优化。

在质量管理条件下，微数据平台基于产品微观数据的验证和生产过程的开放式基础进行分析，实施在线质量控制和异常质量控制及回溯分析，提高产品质量。例如，美国林业数据平台通过分析高压开关关键元器件和微观数据处理，对质量问题进行分类，分析与质量问题相关的原因，追溯质量控制等。微数据产业为生产、汽车、能源等行业提供智能化生产解决方案，为企业的生产过程管理提供可预测的支持和指导。

在能耗管理场景中，基于对能耗微观数据的采集分析，合理规划设备、生产线、能效，提高能源利用效率，实现节能减排。例如，霍尼韦尔通过能量管理系统，提供动力设备管理、生产能耗分析、能量平衡管理等，帮助企业优化工艺流程，提高能源效率。

在复杂产线设备健康管理方面，随着科技的不断进步和工业化水平的不断提高，工业系统的规模越来越庞大，集成的设备越来越多。系统内部通常存在复杂的耦合关系，其可靠性难以得到保障，发生故障时，将会加大设备的停机损失。当前，对于复杂系统健康度与可靠性进行评估，主要通过传感器对设备进行感知，从实时数据库系统获取设备振动、温度、压力流量等数据，基于大数据平台对数据进行存储管理，借助人工智能算法对设备健康度进行评估，实现设备故障预测和健康度监控。例如，美国电力公司分别对调压器、断路器和蓄电池加装了 8600 个、11500 个和 400 多个传感器，基于某工业大数据平台，开展设备数据采集、诊断与分析，美国电力公司可以实时监控其设备参数，进行故障诊断预警，将设备寿命延长了 3 年，维护成本降低了 2.7%，设备维护效率提高了 4%，实现了对设备预测性的维护。

工业大数据助力解决生产过程复杂系统的精确建模、实时决策等关键问题，出现了一批自学习、自感知、自适应、自控制的智能产线、智能车间和智能工厂，目前，工业大数据正在推动产品制造的高质量、柔性、高效、安全与绿色，驱动生产过程的智能化升级。

现代生产企业不再是产品的提供者，而是产品、服务、支持、服务和知识的"综合体"。企业通过整合工业大数据和应用新一代信息技术，为服务产品全生命周期提供市场、营销、服务等内容，不断激发新的生产模式，使大批量流水线生产向大批量生产转变，再向定制化生产或从生产向服务化生产转变，带动服务化生产和生产服务的发展。

在营销环节，企业利用大数据确定用户需求和市场趋势，建立消费品需求分析体系，研究用户深层次需求，寻找产品机会，指导生产并进行后续营销分析；建立科学合理的产品生产方案分析系统，将用户需求与产品生产相结合，制订满足消费者期望的生产方案。在 INDICS 平台的基础上，企业利用产业数据、供需信息，利用产业大数据进行分析，为企业提供产品咨询、销售量预测、业务方舱等服务，从而提高平台企业的营销水平和经营能力。

在售后服务环节，微观管理企业创新服务模式，从被动服务、常规服务转变为主动实时服务。企业通过整合产品运行数据、销售、客户数据，将传统的诊断方法与基于知识的智能机械故障诊断方法，以及设备状态监测技术相结合。故障诊断技术和计算机网络技术为开展故障预警、远程监控、远程运维、质量诊断等大数据分析和预测提供基础，提供个人、在线、便捷的智能增值服务，形成"制造＋服务"的新模式。在产品的整个生命周期中引入高质量的信息，提高用户满意度。人工创建的根云基础平台，为行业企业提供了基于后勤网络、大量云计算和微数据的服务，目前，该平台可接入 40 余万台设备，连接数亿资产，为用户开拓新业务，实现了生产企业服务化转型。

4. 个性化定制

个性化定制也是工业大数据应用之一。通过工业大数据及解决方案，实现了制造全流程数据贯通，构建千人千面的用户画像，并基于用户的动态需求，指导需求准确地转化为订单，满足用户动态需求的变化，最终形成基于数据驱动的大规模个性化定制模式。

在大规模个性化定制模式下，企业会提供一个互联网平台，作为与用户沟通交流的门户，在该平台上，用户可以描述其个性化需求并下单，在收到产品后也可提出意见与反馈。企业据此完善该用户的个性化数据，并进一步优化针对该用户的个性化设计。

数据在大规模定制生产中发挥着关键性作用。大规模定制生产需要收集个人需求微观数据、企业工业生产数据、外部环境微观数据等，通过建立个性化的产品模型、生产方案、材料清单、工艺方案，企业迅速生产出符合个性化要求的产品。基于工业大数据构建的需求转化机制，可以对制造过程中的变动做出快速整合和调整，柔性、动态地满足用户千人千面的个性化需求。

通过将工业大数据与大规模个性化定制模式结合，工业企业形成支持工业产品开发个性化、设备管理个性化、企业管理个性化、人员管理个性化、垂直行业个性化等一系列满足用户个性化需求的工业价值创造新模式，为工业企业降低成本，形成新动能。

13.2.3 产业发展分析

工业是大数据深度融入经济的主要战场。近年来，随着工业互联网的快速发展及工业和大数据之间的融合不断深化，我国工业大数据的发展呈爆炸式增长，应用规模和应用深度不断加大。从供应方面看，产业微观供应能力不断增强，特色新兴企业不断涌现，这是我国产业数据发展的中心动力。在需求方面，个性化定制、网络扩展、智能设计、生产、服务等新模式不断涌现。对工业大型信息技术、产品和平台的需求不断增长，为工业大数据的应用提供了足够的发展机遇。

13.3 工业大数据关键技术

1. 工业大数据平台

为了有效支持海量异构体及工业数据的存储和检索，将现有的知识、经验和分析资产有机地结合起来，能够消除专业技能对开发更大的工业数据应用所构成的障碍，工业数据阵列可支持工业数据分析，包括数据存储和检索、建模和执行分析，以及数据和资产安全工具。

2. 多源异构数据的存储与查询

通过优化大数据的工业数据存储，建立一体化、低成本、分布式的多目标异构体存储系统，通过面向产业的大规模负载分析优化读写技术，实现分析工具对数据的有效访问；通过集成元数据方法，实现了工业数据语义的组织和有效访问。支持按时间顺序存储数据、存储对象、存储文件和在线分析处理。

大型工业数据的强大机制和强大关联性决定了需要建立描述业务上下文的行业模型，以便有效支持后续分析和应用，例如，设备整个生命周期存档（智能设备图片）物料流与工艺状态档案（场景质量分析）、需求动态（场景需求预测）等。这将需要建立基于多源异构数据存储系统的行业数据模型建模和检索能力。以设备整个生命周期的档案为例，需要记录设备过去和目前状况的资料，以及各种测量资料，包括设备结构、操作工作描述、缺陷描述、紧急警报报告、运行状况等。

行业数据模型建模不仅在多个数据库架构中处于数据源级别，而且在操作和语义方面也有很多需求。例如，编码关联（例如，在更改硬件编码规则前后），同义词（例如，风速可能因不同时间段数据标准中字段名称的不同而有所不同），字段具有相同的名称，但语义不同。因此，在为大型数据平台开发行业建模工具时，必须考虑业务和语义层面的需求。

在行业数据模型的基础上，工业大数据平台提出了基于图形检索技术的语义检索模型，支持了设备的管理分析。以风扇为例，当叶片发生断裂时，整机制造商、测量负责人要检查叶片批次是否存在问题（即使用风扇制造商最近生产的相同风扇叶片确认）。

3. 工业知识图谱

除了设备的存档数据，设备记录中通常还有大量的故障、设备维护进度报告等非设计数据。这些记录包含大量的经验，包括故障症状、验证方法等。一般文本分析因为缺少行业名称（专门术语、制造商、产品模型、尺寸等）、上下文（包括典型模式描述、缺陷等）分析，正常分析无法取得准确的报告。这就需要在特定领域（即技术、科学和技术）绘制工业知识图谱，并将工业知识图谱与结构化数据图语义模型融合，实现更加灵活的查询。

4. 工业大数据治理与管控

数据质量是决定数据价值的一个至关重要的因素，数据管理是保证金融、电信和互联网等行业数据质量的主要手段。调查发现，我国在产业方面实施数据管理的企业不到三分之一，仍有 51% 的企业采用文献资料或较为原始的数据管理方法。工业企业应该把数据管理放在与大型数据库建设同等重要的位置。大型工业企业的数据包含工业生产及其经营方式的详细信息，以及大量的市场、客户、供应链等信息，它们是工业大数据管理和工业互联网的关键元素。建立统一的数据仓库运行安全管理技术和分析工具，可实现数据细粒度全生命周期的安全控制；在知识产权保护分析部分，通过改进的文件级加密标准实现加密。

5. 工业大数据规划与实施方法

在规划大规模数据分析时，应采用"业务定位＋技术驱动＋数据支持"的方法，在客观评估技术可行性的基础上，考虑产品整个生命周期和后续迭代，进行综合规划建设。

13.4　工业大数据在企业生产过程中的应用

工业大数据在企业整个生产过程中广泛应用。下面根据企业的研发设计、供应链、生产制造、营销与服务情况对工业大数据的应用场景进行阐述。

13.4.1　研发设计环节

在研发设计环节，工业大数据主要具有产品协同设计、仿真设计、工艺流程优化等用途。

1. 产品协同设计

产品协同设计主要是应用数据的分析、处理等技术处理产品数据，构建企业水平产品数据架构，不同网络环境的产品均可访问数据，实现多网站协同，满足工程组织的设计协同要求。

2. 仿真设计

仿真设计旨在将大型数据处理技术与产品仿真过程相结合，从而提供更有效的设计手段，缩短产品交付时间。例如，波音公司通过大数据处理技术优化模型设计，将机翼风洞实验次数从 11 次减少到 1 次。

3. 工艺流程优化

工艺流程优化主要涉及应用大数据分析功能，要深入了解历史工艺流程数据，揭示工艺阶段与投入之间的模式和关系，总结以往相互隔离的数据类型，评估和改进当前的工艺流程。例如，雅培公司引进了欧西公司研发的 PI 数据库系统，对生产设备上的传感器数据进行分析，确定生产设备各个部件真实所需的清洁时间。在原位清洁的过程中，性能强大的传感器传回了检测到的冲洗时间数据。在分析并重新调整生产设备的原位清洁设备后，整个原位清洁循环时间缩短了 20 分钟，这使整条生产线的生产能力和每台设备的生产时间缩短了 3 小时。

13.4.2　供应链环节

作为供应链的一环，工业大数据应用主要体现在供应链的优化上，即通过全产业链的信息整合，使生产系统整体趋向协同优化目标，灵活体现动态的生产系统，进一步提高生产效率，降低生产成本。供应链环节的工业大数据主要反映了供应链配送系统的优化和用户需求的快速响应。

1. 供应链配送体系优化

供应链配送体系优化主要是通过无线射频识别技术、物联网技术和移动互联网技术获得供应商、库存、物流、生产、销售等完整产品供应链的大数据，这些数据用于分析、确定采购材料的数量、交货时间等。例如，海尔公司的供应链系统是完善的，因为它与市场相连，专注订单信息流，通过整合全球供应链资源和全球用户资源，推动物流和资金流的流动。在海尔供应链的各个环节中，海尔公司将客户数据、企业内部数据、供应商数据汇总到供应链系统。通过收集和分析供应链中的大量数据，海尔公司不断改进和优化其供应链，从而确保快速响应客户需求。

2. 用户需求快速响应

使用现代数据分析和预测工具实时预测和分析用户需求，能够快速改进商业操作和优化用户体验。例如，京东通过预测全球范围内的商品需求，从而提高配送和存储效率，使客户获得更好的体验。

13.4.3 生产制造环节

在生产制造环节，工业大数据主要应用于智能化生产、生产流程优化、设备预测与维护、生产计划与排程、能耗控制和个性化定制方面。

1. 智能化生产

智能化生产是一条生产线，生产设备将配备传感器实时捕获数据，然后通过无线通信、互联网连接、数据传输，实时监控生产过程。而生产数据也将得到快速处理、传输，反馈进入生产过程。将工厂加工成可调节、适应性强的智能网络，优化产业控制和管理，能够最大限度地利用有限资源，降低产品生产成本和资源配置。

2. 生产流程优化

利用大数据处理技术优化生产过程，建立工业生产虚拟模型，在系统中模拟所有流程和性能数据，并对生产过程进行建模和优化，这将有助于制造商改进其生产流程。

3. 设备预测与维护

建立大数据平台，从现场设备状态监测系统和实时数据库系统中获取轴承振动、温度、压力、流量等数据。基于具体案例的故障诊断、设备状态恶化趋势预测、部件剩余寿命预测等方法进行仿真预测，通过数据分析对设备故障进行预测和诊断。例如，建立大型数据库进行实时数据分析，使缺陷诊断预报设备等功能有 5 秒时延；利用大数据分析自动化维修计划，确保设备维修更加有的放矢，减少了"过修"和"失修"现象，节省了成本。

4. 生产计划与排程

使用生产计划单和时间表收集客户订单、生产线、生产人员等数据，通过大数据技术检测历史真实偏差概率，考虑生产能力有限、人员技能差距、材料限制、模具操作限制等因素，通过智能优化算法，提前计划生产，并控制计划实际偏离位置，动态调整计划产量。

5. 能耗控制

通过对企业生产线关键环节的能源排放动态控制和辅助传输的实时检测，收集生产线、能源消耗关键环节等相关数据，创建功耗建模、多维功耗模型建模、预测建模、生产线各个环节的节能空间数据获取、智能负载、功耗优化和行动协调，从而实现了整体生产线灵活节能降耗。风力涡轮机制造商 Westas 对风力涡轮机的天气数据和仪表数据进行了交叉分析，改进了风力涡轮机的布局，提高了风力涡轮机的能源效率，延长了使用寿命。润南化工有限公司积累了化油器炉运行数据，包括近十年来所有极差运行、优化运行及各种数据，并提供给操作人员，使多孔配气装置年运行率达到 97% 以上。

6. 个性化定制

个性化定制是指通过收集订购客户个人资料、工业制造厂资料、外部环境资料等，创建个性化的产品模型，将产品信息传输到智能设备，使生产的产品满足个人需求。例如，红领集团通过搭建个人平台，实现不同型号的服装和设计方案数字化，采用大数据技术，整合材料数据管理，实现材料自动组合。

13.4.4　营销与服务环节

在营销与服务环节，利用大数据确定用户需求和市场趋势，寻找产品机会，指导生产并进行后续营销分析。

建立消费品需求分析体系，研究用户的深层次需求；建立科研产品生产方案分析体系，将用户需求与产品生产相结合，形成满足消费者需求的生产方案。例如，海尔公司使用 SCRM 系统，通过"外观"模型对数以万计的用户进行分类，然后结合智能语义分析用户需求，优化用户体验。

在产品销售服务行业，工业大数据推动企业创新服务模式，从被动服务、常规服务到主动实时服务。通过建立企业产品数据库，收集产品数据，建立性能预测模型，围绕智能设备、智能家居、便携式设备、智能网联车辆等智能产品提供服务。例如，GE Energy 监测与诊断中心从全球 50 多个国家和地区的数千台 GE 燃气轮机中收集数据，每天为用户收集 10GB 数据。通过分析来自系统的传感器振动和温度信号的恒定数据流，为 GE 诊断和警告燃气轮机发动机故障提供支持。Fuelmax 与 IMS 合作开发产品，提示用户如何通过分析轮胎压力来维护轮胎。

第14章 人力资源和社会保障大数据实践

14.1 内涵概要

人力资源是指处于劳动年龄且具有劳动能力的人的统称，我国人口众多，是社会主义现代化建设的主力军。加强人力资源管理工作，对提升社会整体生产力具有重要意义。社会保障主要用于处理劳动者和社会成员间的社会风险。在现代化社会发展过程中，劳动保障必不可少，社会保障将安全理念置于首要位置，强调公平公正。社会保障包括劳动者权益维护、就业与再就业保障、社会建设等具体内容，突出政府的主体责任，为社会提供各种公共服务与援助，是保证社会长期稳定的重要基础。现阶段，我国正处于社会主义现代化建设的关键时期，社会各项机制面临重要的转型与发展。大数据技术是人力资源和社会保障的关键推动技术。

14.2 发展背景

随着人力资源和社会保障事业的快速发展，人力资源和社会保障信息化建设取得了显著成效。地级以上人力资源和社会保障部门普遍建立了数据中心，多数地区实现了业务数据在市级的集中统一管理。国家、省、市三级网络进一步贯通，基本覆盖了各类公共就业服务机构和社会保险经办机构，并延伸到大部分街道、社区、乡镇、定点医疗机构和零售药店，初步形成人力资源和社会保障信息网络框架，信息系统安全基础设施进一步巩固，防护能力普遍加强。全国统一的核心业务应用软件已在绝大部分地区统筹部署实施，"十三五"末期与"十三五"初期相比，人力资源和社会保障信息化建设对提高经办效率和服务能力的支撑力度显著加强，例如，开辟了联网监测数据采集渠道，探索了现场监督与非现场监督相结合的基金监督模式，启动了基于信息网络的跨地区业务协作。人力资源和社会保障信息化建设还丰富了为社会公众提供信息服务的手段，政府网站、12333电话咨询服务系统、基层信息服务平台使人民群众可以就近享受便捷的人力资源和社会保障服务。总体上，信息化建设成果已经成为人力资源和社会保障工作的重要基础，在落实相关政策、创新管理模式、降低行政成本、提升服务能力等方面发挥了重要作用，推动了人力资源和社会保障工作向精细化、一体化、科学化、规范化转变。

"十四五"时期是我国全面建设小康社会的关键时期，是深化改革开放、加快经济发展转变方式的攻坚时期，也是人力资源和社会保障事业完善制度、加快发展和提升能力的重要历史时期。我国将实施更加积极的就业政策，建立健全覆盖城乡居民的社会保障体系，大力实施人才强国战略，继续深化人事制度改革，加快形成合理有序的工资收入分配格局，着力构建和谐劳动关系，努力使发展成果惠及全体人民。"十四五"期间，人力资源和社会保障工作将呈现许多新特点，需要在信息化工作中予以把握：统筹城乡的全面推进，需要在信息化建设上为城乡各项人力资源和社会保障业务提供一体化支持；跨地区就业、社会保险关系转续和待遇享受等业务普遍开展，需要在全国范围内统筹部署信息系统并更加注重地区间协调发展；"大部门制"改革使各项人力资源和社会保障业务之间的联系愈发紧密，需要在统一的信息系统支持下实现业务间的协同办理；中央提出"精确管理"要求，需要以一个覆盖更广、延伸更深、关联更紧、功能更强的信息系统为支撑；人民群众的公共服务需求不断增长，需要信息化工作坚持"以人为本"的理念，为人民群众提供安全、便捷、周到的信息服务。

人力资源和社会保障信息化工作中还存在一些突出问题需要解决：地区之间信息化发展不均衡，制约了全国信息互联互通；业务之间信息化水平不平衡，各业务系统的整合还不充分，限制了信息化整体效力的发挥；社会保障卡发行规模尚小，应用领域比较单一，与"一卡通"的要求还有差距；就业信息集中度低，就业失业信息应用效率不高，与就业信息全国联网要求差距较大；与相关政府部门信息系统的信息交换机制尚未建立，难以实现信息共享；信息安全的挑战愈发严峻，需要认真对待。总体上看，当前信息化发展水平与人力资源和社会保障事业发展的新要求相比，还有提升空间，加快推进的需求十分迫切。"十四五"时期必须正确把握人力资源和社会保障信息化工作面临的新形势，抓住机遇，应对挑战，开创人力资源和社会保障信息化建设新局面。

14.3　一体化信息系统设计方案

14.3.1　总体规划思路与目标

一体化信息系统设计方案的总体规划思路是"突出一个重点，加强两个融合，推动三个转变，实现四个覆盖"。即突出社会保障"一卡通"这一重点；加强各业务领域信息化工作之间、信息化工作与业务工作之间的有机融合；推动信息化工作从以城镇、职工为主，向统筹城乡、全面转变，从以本地业务为主，向支持异地业务经办转变，从支持管理经办为主，向经办、服务、监管、决策支持转变；实现各项业务工作、服务人群、系统功能、管理服务机构网络的"全覆盖"。

总体规划目标就是紧密围绕人力资源与社会保障事业的重点工作与发展方向，构建统一、高效、安全的信息系统应用支撑平台，全面实现各项人力资源与社会保障业务领域的信息化，实现社会保障"一卡通"，通过系统整合与信息共享，为各项人力资源与社会保障业务之间的协同办理、业务衔接提供技术支持，为人力资源与社会保障事业可持续发展提供技术保障。

14.3.2 总体规划原则

1. 坚持应用为先，突出实效原则

以服务优先、业务优先、应用优先为核心，以为用人单位、全体城乡居民服务为重点，兼顾业务经办和宏观决策，全面提高一体化信息系统对人力资源和社会保障工作的整体支撑水平。

2. 坚持数据集中，服务延伸原则

构建统一的数据中心，建立集中式数据库，实现信息的共享与畅通；通过信息网络将服务延伸到区县、街道和乡镇、社区和行政村，为服务对象提供更加便捷、有效的服务支持。

3. 坚持统一规划，统一建设原则

依据社会保险核心平台3.0、劳动市场核心平台3.0要求，进行整体规划设计和整体建设，支持人力资源和社会保障部各项业务软件在各地的本地化实施工作和异地业务经办、结算工作。

4. 坚持统一标准，资源共享原则

严格执行人力资源和社会保障信息化建设的统一技术标准和指标体系要求，充分利用现有技术成果和设备资源，做到标准统一、网络互联、资源共享。

5．坚持分类指导，有序推进原则

结合本地工作实际及发展要求，制定一体化信息系统设计方案和工作规划，并根据建设现状，对各区县、各业务部门进行分类指导，有重点、分步骤地有序推进信息化建设工作。

14.3.3　总体规划内容

人力资源和社会保障一体化信息系统总体规划是以"整合资源、优化流程、完善管理、加强统计、提升服务、支持决策"为主线，以社会保障"一卡通"为核心，构建统一、高效的公共服务体系和科学有效的决策支持体系，共有以下 10 个方面的具体规划。

1．基础信息管理系统规划

一是把"人"作为基础信息管理的核心，体现"以人为本"的设计思路。目前，在"人"的管理和业务关联方面主要分为紧耦合和松耦合两种模式，两种模式各有优缺点。紧耦合的优点是业务联系紧密，效率高，缺点是系统庞大，业务工作调整难度大；松耦合的优点是业务相对独立，易于梳理，缺点是数据冗余，对工作效率有一定影响。综合分析比较后，我们拟采用松耦合的方式管理业务信息，提高基础信息管理系统建设的灵活性。个人基本信息可以分为自然社会属性和业务属性，自然社会属性按照"一个入口、一处维护"的设计思路，严格管理，实现业务间的完全共享。从人力资源和社会保障业务角度出发，业务属性又可以分为人才属性、人力资源属性和社会保险属性，由业务部门分别管理，按照需要进行部分共享。

二是以人的一生为主线，串联各项社会保障业务。围绕人的一生，从出生到死亡的生命历程中，自然社会属性贯穿了出生、入学、就业、失业（无业）、伤残、病患、养老、死亡等一系列自然及生理变化，业务属性围绕社会保险、人力资源、人才管理、劳动关系管理等各阶段业务，把握这一系列变化过程，就相当于把握了社会保障服务的业务过程。

三是把握人的各种业务状态的关联。通过认真分析自然状态、健康状态对参保状态、就业状态、享受待遇和领取状态、技能成长状态产生的影响，将人的自然社会属性与各种业务属性的关联关系准确、完整地用具体业务环节表述，形成一体化的基本信息与业务信息互动过程。

四是统一单位法人实体管理。长久以来，单位一直是人力资源和社会保障的一个重要视角。建立统一的单位法人信息库，为每个单位赋予唯一的单位索引号，建立一个基本信息库。在大多数情况下，业务系统都是以一个单位作为一个业务经办户来管理的，个别情况下，一个单位可以分成几个不同的业务经办户，从而满足现有几类常见的业务疑难问题。这种方式既考虑统一的单位基本信息管理，也顾及业务方的管理和经办习惯，为数据整合迁移带来了便利。

五是基础信息管理系统实现遵循"业务多渠道、技术单入口"的原则。多渠道是指对社保、就业、监察、城乡居民养老、城乡居民医保、外企中心等业务部门均提供基本信息维护功能入口；单入口是指系统功能的单入口，无论是哪个业务板块来管理基础信息，都是在同一个模块、同一功能下进行操作，数据保存的结果也会统一。

2. 人才管理系统规划

根据人力资源和社会保障部人才管理信息系统平台的建设要求，部分省市人力资源和社会保障部门在一体化信息系统建设规划中采用"先采集、后分析、再利用"的原则分步完成统一的人才管理基础信息库建设。具体做法如下。

（1）采集

利用社会保险系统对人员全覆盖的优势，通过互联网申报的方式，由单位和个人按照人才管理要求分类上报人才信息。运用网络的关键是确保信息的真实性，设计思路如下：一是由单位结合行政管理手段，申报人才信息；二是由个人自主申报人才信息，结合数字档案建设，提供个人电子证明材料。

（2）分析

建立人才管理基础信息库，对采集的人才信息建立"一单式"管理，每月自动生成统计信息。

（3）利用

经过一段时间的运转，在人才动态管理基本准确、成熟的基础上，结合单位人才需求，与人才市场形成良性互动。最终实现以下局面：一是通过国家、省、市等多级人才的入口，动态跟踪记录人才入库后的各种信息变更；二是加大市场监测和分析力度，建立全市人才市场供求分析制度；三是加强信息分析研究能力和市场调节掌控能力，为人才合理流动和科学决策提供有力支撑。

3. 公共就业服务系统规划

（1）资源的规范与整合

一是整合城乡就业登记、解聘备案业务程序，合并现有城乡登记程序，实行统一入口，统一管理，分类统计；二是规范整合自谋职业就业登记、创业人员管理程序，将原来只有失业登记人员增加为自谋职业登记，扩大为所有自主创业人员，为创业带动就业做好信息管理与统计工作；三是整合培训资源，将失业人员培训、农村劳动力转移培训、创业培训、农民工在岗培训进行整合，统一入口，分类管理。

（2）系统的关联与共享

通过建立与社会保险、培训鉴定等信息系统资源共享机制，实现招聘求职、就业失业、培训鉴定、参保缴费、待遇享受的相互关联和共享，减少业务和数据重复人工录入。

（3）建立信息统计分析系统平台

对人力资源市场供求状况、失业就业状况、培训参保状况、就业扶持政策落实状况、目标完成情况进行结构分析、趋势分析、关联分析、对比分析，并按时间、性别、年龄结构、文化程序、技能状况等多维度进行分析。

（4）建立信息预警及监管平台

一是以区县、街道（乡镇）为单位，对失业登记率、长期失业者比例、失业人员总数等相关指标进行实时监测；二是建立失业保险金，有效使用就业资金监管系统；三是通过与社会保险系统、就业培训系统、鉴定系统关联，保证失业保险金和各项促进就业资金安全、有效地发放。

（5）建立就业服务互联网平台

一是进一步完善公共就业服务手段，充分发挥互联网公共平台作用，将就业登记、解聘备案、社会保险补贴申报等业务纳入互联网公共业务平台，实现业务外网办理；二是实现与各高校、职业院校、技校、培训机构、职业介绍机构联网，拓展服务渠道和服务范围。

4.　人力资源市场系统规划

一是整合原劳动力市场信息系统和人才市场信息系统，建立统一完善的人力资源市场系统。以统一数据中心为基础，实现信息的共享与广覆盖。通过市、区县、街道（乡镇）、社区（村）的公共就业服务机构，将用人单位招聘信息、求职者信息进行统一收集、规范、更新、发布，实现岗位信息与人才信息最大程度的共享和覆盖，实现"一点登录、全市共享"，提高市场配置效率。

二是实现人力资源信息系统与高校毕业生就业信息网的对接。将高校毕业生信息资源和人力资源信息共享，实现供求信息的对接和匹配，提高高校毕业生就业率。

三是依托人力资源信息系统，搭建统一的人力资源无形市场。在资源整合的基础上，通过公共招聘网站平台、短信移动平台、电视及平面媒体平台等方式，重点为高校毕业生、专业技术人员及其他求职者和用人单位提供求职、招聘信息发布、岗位配置、职业规划等服务，实现供求双方跨区域、低成本的对接和匹配。

5. 基金征缴和社会养老保险系统规划

一是规范统一的养老保险指标体系和信息平台。社会养老保险系统数据量庞大，保险有效期长，数据是否准确关系到每个参保人员的切身利益，需要按照"金保工程"要求，统一、规范、整合、调整各养老保险部门的指标体系、结构标准，以确保信息的一致性与准确、完整。

二是整合业务流程，采取求同存异的原则，在满足现有工作需求的基础上，尽量将基金征缴和养老保险各项工作流程规范一致，减少差异性，实现在一个平台下支持机关、企事业单位和农村养老人员的业务经办。

三是解决人员转移问题。一方面，确保养老保险流动人员在各经办机构之间能准确、及时地接续流动；另一方面，实现与全国、各省养老保险转移业务的程序接口，满足流动人员养老关系转移的实际工作需要。

四是建立与各金融机构统一的业务接口，规范养老保险基金往来支付，满足财税库行、银行直连、报盘收支等各种业务需要。

五是建立灵活有效的网络服务平台，满足参保单位及个人养老保险网上申报、信息查询、政策咨询等业务需要，减轻经办机构的工作压力。

六是建立统一的养老保险待遇支付管理体系，实现统一的养老待遇社会化发放和管理，进一步提高养老保险退休服务水平。

七是搭建连接市、区县、街道（乡镇）、社区（村）的4级网络管理体系，为实现全市统筹、分级管理打好基础。

八是开发建立内控管理系统。按照养老保险政策规定及要求，对各项养老保险基金业务加强监督控制，对部分重点业务采取强制性控制，杜绝和减少养老保险基金出现问题的风险，确保养老保险基金收缴与支付工作的平稳运行。

九是开发建立决策分析系统。养老保险制度是维护社会稳定的根本制度，通过开发决策分析系统，掌握养老保险基金的运行情况及存在问题，确保及时制定应对方案和措施。

十是开发建设与税务、工商、民政等与养老保险信息有关部门的信息数据衔接接口，通过扩大数据范围，及时掌握养老保险应参保、应缴纳的实际情况，为扩面、清欠工作提供帮助和支持。

6. 医疗保险系统规划

一是通过实时上传医疗费用明细，建立对定点医疗机构有效、便捷的监管体系。将参保人在定点医疗机构当日的医疗费用明细，包括医嘱、病历、检查化验报告单等信息及时上传到医疗保险经办机构。

二是建立适应多种费用结算模式的医院实时联网结算平台。在医疗保险政策调整过程中建立灵活的参数调节机制，通过设定技术参数、业务规则，实现政策调整。

三是做到有效信息的共享。整合社会保障内部系统的资源数据，与工伤、生育、失业系统联动，共享医疗结算信息及相关业务信息；在信息交换平台上与公安、民政、教育等部门共享数据。

四是建立智能化决策系统。利用智能化决策系统为管理者提供更及时、更有效的决策依据。从已积累的海量数据中建立数学模型，预测业务发展趋势，以便及时采取应对措施等。

五是建立支持医疗、工伤、生育保险医疗费、失业保险医疗补助金、居民低保医疗救助（民政局）的统一医院结算平台。

7. 社会保险基金财务系统规划

建立统一、集中部署、多级经办管理、分级独立核算的财务管理信息系统。

一是实现基金财务的集中化管理，通过基金财务人员的集中化管理，集中核算社会保险基金，提高基金财务管理的独立性、工作准确度和工作效率。

二是实现业务、财务的一体化衔接业务，工作经办是前台，财务经办是后台，一方面，要使业务和财务之间的关联关系能够及时反映到经办工作中，提高记账效率和准确度；另一方面，要使业务数据和财务数据起到相互验证的作用，提高基金的安全管理程度。

三是将基金支付（例如，养老金、失业保险金等）纳入中国人民银行"财税库行"的网络。

四是实现基金财务管理的统一性和规范性，目前，社会保险统筹层次不断提高，基金管理的职责逐步向上级机构转移，相应地，必须要加强基金财务管理系统的统一性和规范性。因此，要规范科目代码、核算细度，完善社保基金专业科目体系等事项。

五是通过票据的全过程管理，实现以票管款，强化管理社会保险专用票据，通过信息系统建立每张票据的生命周期跟踪。实现"票款分离、以票管款"。对票据的领用、注销、保管，做好信息登记，定期检查票证结存情况，盘点库存票证，确保做到账票相符。

六是通过级别审批控制大额资金的流动。在重要、敏感等基金财务管理环节设置多级审批制度和复核机制。

七是基金凭证、报表自动生成。通过业务财务一体化衔接，实现财务数据和业务数据间及时、准确、完整的对账。通过自动生成功能，定期生成基金凭证、基金报表，提高财务管理人员的工作效率。

8．劳动关系管理规划

一是管理劳动合同入口。在支持个人劳动合同备案的基础上，通过应用系统建设实现集体合同备案，将工作重点转向集体合同管理。

二是建立薪酬水平调查反馈技术平台，完善薪酬水平的动态管理，加强宏观指导。通过主动获取企业社保工资申报信息和摸底调查，完成信息采集，为制定工资指导线提供数据支撑；核算具体行业、企业、工种的人工成本、薪资水平；制定和发布最低工资标准、工资指导线、人力资源市场工资指导价位，为工资集体协商、实现同工同酬提供可靠的依据和参考。

三是通过网上申报和网上行政审批等手段，实现企业工时标准的管理工作。

9．劳动监察"两网化"规划

一是按照劳动监察执法工作流程，开发完善劳动监察案件处理系统，从受理、处理、反馈、督办、跟踪等方面实现案件的统一管理，并实现对案件指挥调度、案件转办的全程监控。

二是增强对专项业务的处理能力，例如，监察年审、诚信评价、专项行动等专项业务平台。

三是开发完善劳动监察网格化平台，对网格内用人单位的招／用工、劳动合同、工资支付、劳动条件、社会保险等方面的信息及情况进行归并及整合，同时利用远程办公手段，实现对网格信息的实时管理与调度。

四是开发与劳动用工、社会保障等信息的互联互通和数据共享，提高预警监控能力，与劳动仲裁、稽核等部门信息共享，避免重复办案、提高工作效率等。

五是开发统计分析系统，分析违法违规单位的行业、性质、数量、所在区域、违法原因等情况，从而调整工作重点与方向，便于决策。

10．社会保险基金监管系统业务规划

一是以数据整合为契机，首先，提高基础数据质量，一体化信息系统建设将对原信息系统

的单位、人员基础数据进行整合，筛选、整理、过滤历史社保基金收支明细，从而提高数据质量，使基金监管的工作重点更多转向关键业务点监控和社会保险基金运行的宏观分析。其次，利用电子数据交换平台，从财政、税务、工商、民政等部门采集相关数据，用于微观监控和宏观分析。

二是扩展基金监管宏观分析功能，对社保基金进行统计分析，通过分析基金收缴、支付、财务状况、缴费单位及职工的资料历史和当前状态，加强对社保基金运行情况的宏观监控。丰富基金监管分析指标体系，以多样的图表从不同角度展示分析结果，从而便于及时了解社会保险基金的运转情况和支撑能力。发挥系统智能与人工自主发现问题相结合的实效，通过制定基金监管规则，实现基金监督预警、自动发现问题；通过图表分析、监控查询，支持监督人员自主判断发现问题。

三是强化内控，前置部分监控事项，把部分监管事项（例如，缴费基数保底封顶、养老金大额支付等）放到业务系统中，通过"事前预警、事中监控、事后监督"等多重方式，防范基金管理漏洞。另外，要向企业单位延伸，与稽核、仲裁、监察部门共享信息，加大对社会保险扩面、征缴、清欠的工作力度，提高社保基金支撑能力，实现"应保尽保、应付尽付"，保障职工利益。

第15章 **融合媒体应用实践**

15.1　融合媒体内涵

　　融合媒体是一种新型媒体，可以最大限度地利用媒体载体，全面整合广播、电视、报纸等不同媒体，在人力、内容、宣传方面具有共性和互补性，实现"资源整合、内容整合、宣传整合、效益整合"。

　　融合媒体意味着传统媒体从业者对媒体的重新认识和适应过程。对于传统媒体，融合媒体的转型发展更为重要。传统媒体需要以此为契机，尽快完成转型，进行自我革新。

15.2　融合媒体产业发展现状

　　2016 年，江苏省开始建设融合媒体产业，其中，"荔枝云平台"以其强大的云平台能力和丰富的融合媒体实践经验，成为江苏省统一的县级融合媒体平台；《南京日报》的"报网博信立体平台"和苏州广播电视台的"无线苏州"等媒体整合实践取得了良好效果。

　　2018 年 1 月，浙江省广播电视台与浙江省 15 个市、区县的广播电视机构和 50 个县（市、区）的广播电视机构达成协议，并与当地广播电视机构开展联合策划、精准推广等合作。

　　湖南日报报业集团基于新的新闻媒体应用，在湖南传播主流好声音；湖南红网新媒体集团以即时新闻 App 为主力军，打造了省、市、县三级党媒共建平台，实现内容共生、受众共享，共同推进传播的媒体整合模式；湖南卫视、芒果 TV 着力打造"一云多屏"立体传播体系。

15.2.1　政策支撑

　　2018 年 11 月，中央全面深化改革委员会第五次会议审议通过了《关于加强县级融合媒体中心建设的意见》，提出了县级融合媒体中心建设的基本思路。2018 年 9 月，中共中央宣传部明确部署推进全国县级融合媒体中心建设，2018 年开始建设 600 个县级融合媒体中心，2020 年年底基本实现全国覆盖。

2019 年 1 月 15 日，中共中央宣传部、国家广播电影电视总局联合发布了《县级融合媒体中心建设规范》《省级融合媒体中心技术平台规范要求》，规定了县级融合媒体中心的运营指南和建设规范。

2019 年 1 月 25 日，中共中央政治局第十二次集体学习将"课堂"置于媒体整合发展的第一线。

2019 年 4 月，中共中央宣传部新闻局、国家广播电影电视总局科技司联合发布了《县级融合媒体中心网络安全规范》《县级融合媒体中心运行维护规范》《县级融合媒体中心监测监管规范》。

2020 年 6 月，中央全面深化改革委员会审议通过《关于加快推进媒体深度融合发展的意见》。

15.2.2　典型应用场景

媒体要想获得发展，就必须做好"新闻媒体内容＋党建＋政务＋民生＋N"的主业。

（1）整合工作空间

通过全面、即时的统一调度，获取第一手信息，正确把握舆论导向。

（2）全面的技术支持

整合电视、广播、报纸、网站、手机客户端、第三方账号等信息平台资源，做到一次采集、多方代理、多渠道按需沟通。提高新闻舆论的传播性、引导性、影响力和公信力，巩固和扩大主流意识形态舆论。

（3）业务整合

以传播内容触达受众，更好地服务政府和公众，向行业转型，实现战略转型。"融合媒体＋"包括"融合媒体＋党建""融合媒体＋政务""融合媒体＋民生""媒体＋N"等多种形式的服务发展。

1．融合媒体中心

融合媒体中心的建设流程如图 15-1 所示。

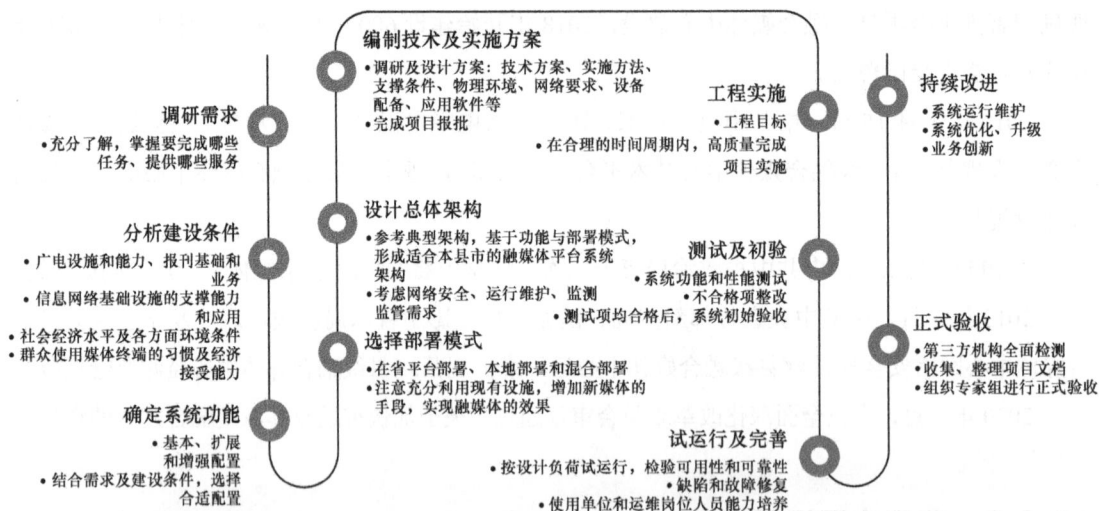

图 15-1　融合媒体中心的建设流程

融合媒体中心建设内容如图 15-2 所示。融合媒体服务功能构成如图 15-3 所示。

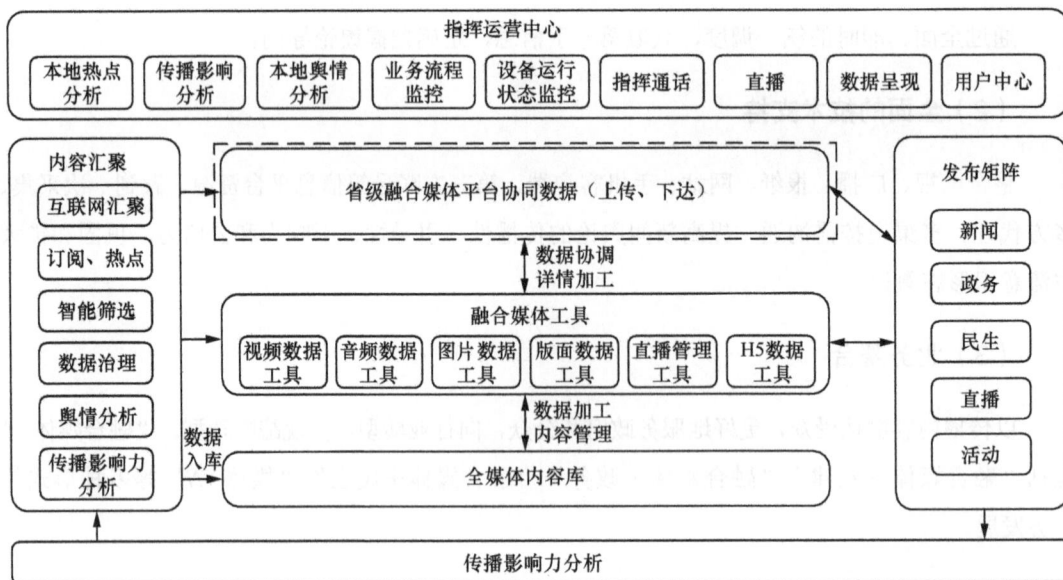

图 15-2　融合媒体中心建设内容

融合媒体

　　融合媒体是充分利用媒介载体，把广播、电视、报纸等既有共同点又存在互补性的不同媒体，在人力、内容、宣传等方面进行全面整合，实现"资源通融、内容兼融、宣传互融、效益共融"的新型媒体。融媒体中心是融合各类媒体，具有"新闻 + 政务 + 服务职能"的现代化资讯中心。

现代传播—新闻宣传	政务党建民生	增值服务
• 一中心：融媒体指挥中心 • 一库：全媒体内容库 • 两台：广播电台、电视台 • 多站：政府网站、政务网站、新闻网站等 • 两微：微信、微博 • 一端：App客户端 • 多形态：图文、视音频、H5互动类	• 政务：公众号、办事、问吧、问政、舆情 • 公共：社保、公积金、户籍办理、婚姻登记、医院挂号等 • 党建新闻、党务管理、党务交流	• 增值服务：媒体广告、活动、商城、消费 • 大数据：传播分析、访问统计等

融合不是目的，转型才是根本

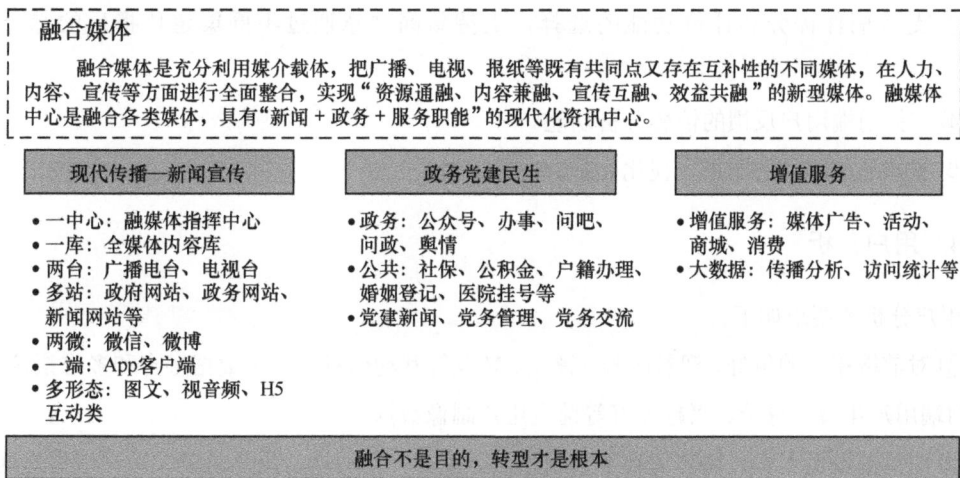

图 15-3　融合媒体服务功能构成

2.　舆情分析

　　舆情分析以热点数据挖掘和民意分析技术为基础，为用户提供前端数据采集、分析和发布服务。民意分析的具体功能要求如下。

　　① 支持热点新闻事件排名、热点事件分析、行业舆论分析、舆论检索、舆论预警、舆论简报定制。

　　② 支持在整个网络中对热门词进行排序，按区域和类别对热点词进行过滤，并查看与热词相关的文章。

　　③ 支持按地区查看微信和微博新闻热点，并提供微信文章浏览量和总页面浏览量等指标。

　　④ 支持微信和微博热点等定制功能。

　　⑤ 支持用户定义的热点事件跟踪等功能。

　　⑥ 支持定制的舆论领域、分析和显示。

3.　传播分析

　　传播分析的具体功能要求如下。

　　① 收集和分析通过互联网渠道发布内容的传播数据。

　　② 支持基于阅读时间、偏好、评论、出版渠道分布、媒体分布、区域分布、接入终端统计等维度的通信能力分析。

③ 支持稿件评分和评价功能的选择，支持新闻文章通过不同渠道传播后的综合评价功能。

④ 支持前端用户反馈的情感分析功能。

⑤ 支持通信路径的图形可视化显示。

4. 用户分析

用户分析的要求如下。

① 对前端用户的偏好、观看时长、评论、转发等互动信息进行多数据融合和多维系统分析，形成前端用户年龄、身份、兴趣爱好等前端用户画像数据。

② 提供前端新用户、用户留存率、用户活跃度、使用周期、用户轨迹、用户流失与回流、用户偏好等维度的数据分析功能。

② 基于前端用户画像提供内容推荐。

5. 全流程采编管控平台

（1）新闻制作

新闻制作的具体功能要求如下。

① 根据专题选择策划阶段确定的报告计划，整合稿件、影音、文本的制作，完成全媒体新闻文章和音 / 视频文本的统一处理，并提供给不同渠道发布。

② 支持新闻文章推送、选择、分享、编辑、多层次评论等功能，支持内容素材与文章结合的分享功能。

③ 支持素材编辑、字幕包装、电影输出等新闻、影音节目制作，支持影评；根据不同新闻节目的要求，可以使用密集编辑、快速编辑等编辑工具。

④ 支持实时编辑轨道 2 高清视频，轨道 2 音频和轨道 1 字幕 / 图片。

⑤ 支持新闻资料的快速选择、编辑、单击上传和整合论点。

⑥ 支持稿件、系列单的编辑、多级审核和统一审核。

⑦ 智能生产可以通过结合大数据、人脸识别、语音识别等技术来实现。

（2）新媒体生产

新媒体生产的具体功能要求如下。

① 支持稿件、图集、音频、视频、H5 动画等内容的编辑和处理，并汇总发表的内容。

② 文件应支持以各种格式插入和编辑数据；支持文本段落格式。

③ 地图集制作应支持图像编辑。

④ 音频制作支持录音、配音、混音、编辑和音频效果。

⑤ 视频制作支持视频转码、在线视频栏分割和快速编辑。

⑥ 支持 H5 动画制作。

⑦ 通过浏览器 / 服务器 / 移动客户端制作工具，支持编辑和制作。

（3）综合广播电视节目制作

综合广播电视节目制作的具体功能要求如下。

① 综合广播电视节目的制作主要包括非新闻节目，例如综艺节目、晚会、纪录片、访谈等的制作和加工，并为县级融合媒体中心提供广播电视内容制作工作。

② 支持广播电视节目的录制、配音、混合、编辑和特效整合论点。

③ 支持广播电视节目素材编辑、特效制作、内容评审、节目包装和整合论点。

④ 具有视频和音频转码、自动技术审计、人工审计等功能。

⑤ 支持转码模板配置、音 / 视频格式转换、浏览比特率生成、关键帧提取、字幕合成、高标准定义转换等。

⑥ 支持但不限于 MPEG-2、MPEG-4、DVD 50、DV25、RM、h. 264. HEVC 和其他编码格式，支持但不限于 MXF、MP4、TS、3GP、ASF、AVI、MOV、HLS、MKV、FLV、WMV、rmvb 和其他封装格式。

⑦ 支持被审计作品中黑场、彩色条、静止框、帧夹、声音损失、音 / 视频幅度超标等屏幕错误的自动识别，并能报警、生成标记，自动生成技术评审报告。

⑧ 支持编码、格式、比特率、量化、帧速率、GOP、纵横比、颜色格式等技术指标错误的自动识别，并能报警和生成标记，自动生成技术评审报告。

⑨ 支持程序和材料的版权管理。

（4）报纸编排

报纸编排的具体功能要求如下。

① 支持修改、取消、版本调整、发布等。

② 对已印发的样本和手稿附件支持浏览清单和可视化排版。

③ 支持在版本创建过程中修订记录的全过程管理。

④ 支持查看计算机和移动终端详细信息的功能。

⑤ 支持细节发布和拒绝收稿、退稿、整页调整和其他功能。

⑥ 支持大样本工艺管理，对工艺和装配结果进行实时监督。

⑦ 支持在大样本错误的位置添加大样本注释。

（5）生产协同

生产协同的具体功能要求如下。

① 业务系统应提供通知和提醒服务，以实现按需向移动终端推送通知。

② 业务系统应提供任务管理、支持任务创建和分配、接收确认、标记完成、状态查询等服务。

③ 业务系统应支持即时通信，提供文本通信、表情符号推送、文件推送和接收、添加朋友和形成小组聊天等功能；支持群聊创建、解散、管理成员，可根据选定成员快速建立聊天组。

④ 支持通过即时通信服务共享内容资源。

⑤ 支持使用计算机和移动终端之间的生产协作服务，以保持不同终端之间的数据一致性。

15.2.3　产业发展分析

1.　持续冲击传统媒体

融合媒体的不断发展对传统媒体行业的发展造成持续性冲击，其中，最明显的是传统媒体资源的不断流失。传统媒体资源大规模流动的主要原因是融合媒体的出现改变了信息传播方式。在传统的信息传播模式中，与信息传播者相比，信息接收者处于被动地位，信息接收者的接收时间和空间都不够灵活。融合媒体采用的信息传播模式打破了接收时间和空间的限制，信息传播者和信息接收者的边界逐渐模糊。人在信息传播中可以成为信息的接收者或信息的发布者。人们更倾向于新的信息传播方式，因此对传统媒体的需求越来越少，这就导致传统媒体资源的流失。其次，在发行量方面，传统媒体也处于劣势。传统媒体依靠发行量产生经济效益，传统媒体资源的流失直接导致传统媒体发行量锐减。

2.　加快传统媒体转型

受融合媒体的冲击后，一些传统媒体开始加快向融合媒体转型的步伐。传统媒体重新定位自己的发展方向，在依托现有资源的同时，加大媒体技术的投入，不断加快数字化发展进程，多终端并行传输，以满足不同受众的不同需求。在转型发展的过程中，应用创新商业模式不断扩大和调整产业结构。同时，传统媒体加强与其他行业的结合，拓展业务范围，确保了传统媒体行业向融合媒体的成功转型。

3. 面临新挑战

随着依托互联网、移动平台的新媒体不断发展，融合媒体也面临诸多新问题。首先，它的产业链并不成熟。与传统媒体相比，融合媒体发展历史较短，产业链不是特别完善。其次，融合媒体的内容不够发达。内容是新媒体发展的关键，对新媒体的发展起着积极的推动作用。但是，现阶段新媒体的内容以复制为主，缺乏原创性，难以适应现阶段的新媒体产业发展要求。

15.3　融合媒体关键技术

基于支撑各地融合媒体中心的集群优势，技术平台支持宣传管理部门对各省、县级融合媒体中心进行统一的宣传管理和内容监管，起到上传发布宣传工作的作用。技术平台支持媒体中心的交流、合作和互通，实现了省、县级媒体联合报道和新闻内容互通。

省级技术平台支持县级融合媒体中心发展媒体服务、党建服务、政务服务、公共服务、增值服务等业务。省级技术平台提供多渠道信息获取能力、音 / 视频处理能力、数据分析能力，通过各种渠道的发布能力和开发新媒体的运营能力，可以以"媒体人""移动优先"原则，加强传播和话语模式创新，采用综合传播模式和多样化产品，实现宣传内容的有效传播，为用户提供个性化服务。县级融合媒体中心依托省级技术平台，与需求多样的党建服务、政务服务、公共服务快速对接互动，构建综合服务平台和社区信息枢纽。省级技术平台可以为省内县级融合媒体中心提供计算、存储、网络支撑等基础资源。媒体中心多级技术平台整体框架如图 15-4 所示。

媒体中心多级技术平台采用开放云架构，具有稀疏耦合、资源池化、灵活性和可扩展性等特点，能够满足业务发展的快速迭代和升级。该平台的存储、计算和网络能力将满足各省、县级融合媒体中心的接入需求。该平台基于多租户管理机制和技术手段，在不同网络和服务之间建立了云主机隔离和安全控制；基于不同用户和服务的计算、存储和网络负载，实现资源动态分配和弹性资源扩展，该平台将进一步完善系统容灾和数据备份的手段。

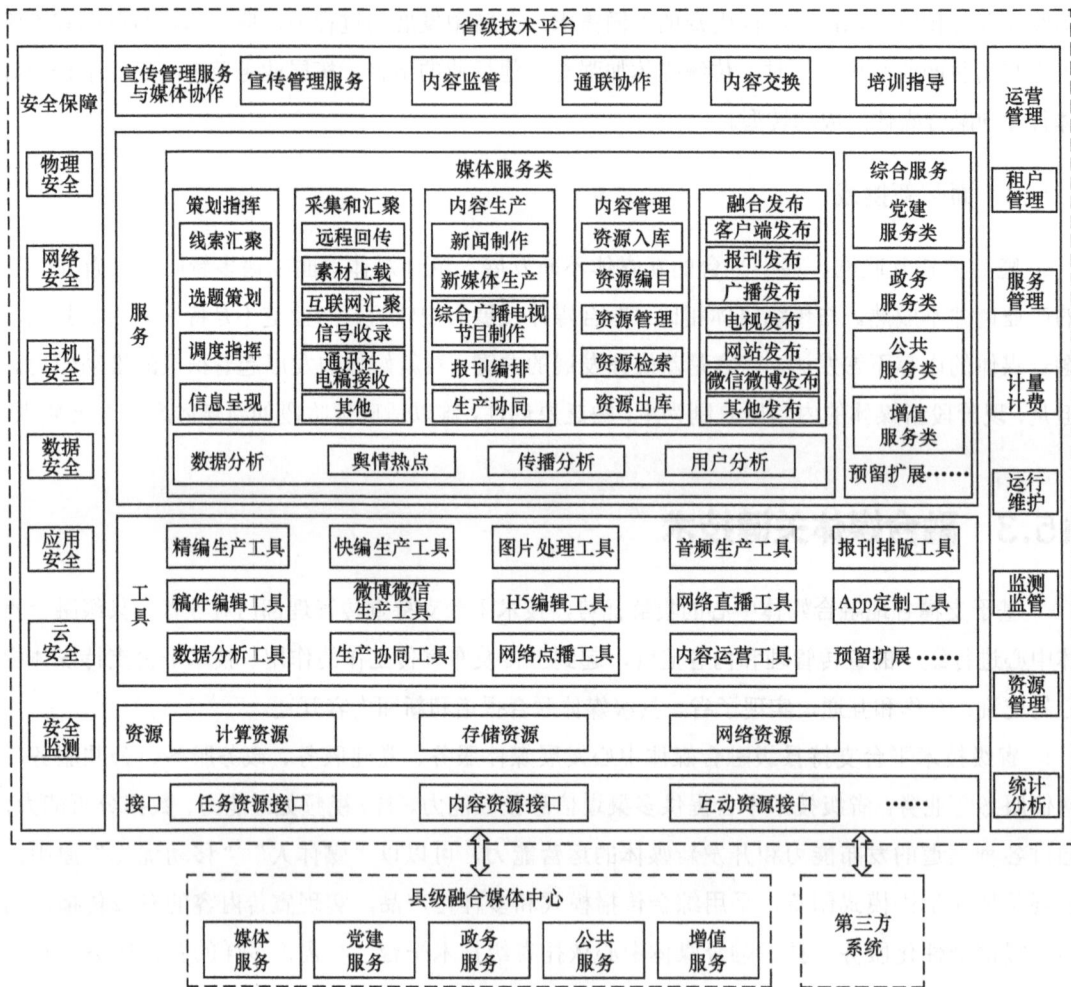

图 15-4　媒体中心多级技术平台整体框架

1. 平台建设原则

媒体中心多级技术平台的技术建设方案充分利用了云计算、大数据、微服务、容器、多租户等技术，不仅提高了平台的可靠性和安全性，而且降低了前期建设成本和后期运营支撑的投资。平台建设原则如下。

总体：系统建设从全局入手，综合考虑平台建设阶段，做好整体设计和功能拓展规划，以适应平台总体规划、设计和分步建设实施的过程。

标准化：平台建设按国家相关接口规范要求，采用标准化技术和协议，形成标准开放接口，提供外部可开发环境，与第三方厂商保持良好的对接。

高安全性：该平台具有高安全性和可靠性，可以满足广播电视安全制作和广播的要求。

高性能：该平台可提供卓越的网络性能、计算性能、存储容量、进程引擎和服务能力，为服务提供优异的性能支持，实现平台上所有服务的高质量、高效率开发。

可伸缩性：该平台具有良好的可扩展性，可以提供资源服务支持，按需部署服务器虚拟机资源和存储资源。

易用性：该平台具有良好的易用性，友好的用户界面，使用方便快捷，面对软件性能和用户需求的变化，具有持续优化和快速迭代更新的能力。

2. 技术架构设计

媒体中心多级技术平台采用"租用公有云 + 自建私有云"的混合云架构。通过私有云本地部署，保存核心数据，支持新媒体功能，支持高安全性服务。通过购买公有云服务，用户可以获得高可靠、高并发、灵活的前端负载支持能力。混合云部署不仅可以提高平台的可靠性和安全性，还可以有效降低前期建设成本和后期运营支持投入。混合云系统以私有云的媒体平台服务层为控制核心，实现公有云和私有云统一管理，在一个框架下实现业务控制、流程配置和资源管理，形成完整的云生态系统。

平台服务层提供统一的平台基础设施环境和媒体软件服务层，实现计算资源、存储资源、网络资源等基础资源的灵活共享、动态适配、灵活调用和统一管理。

平台服务层为媒体软件服务层提供了统一的支持能力，适配层媒体服务，将转码、帧提取、分切机、自动技术审核等功能整合为一项公共事业服务并注册在平台上，可提供县级融合媒体服务统一号召的各类公共服务能力。媒体软件服务层通过智能引擎驱动工作流，并提供标准接口服务。

媒体软件服务层部署满足传统媒体和新媒体需求的系统和工具的应用服务，为媒体中心用户提供基于云平台的媒体产品和服务。统一的用户角色和权限管理，实现对多租户的科学、系统的管理和控制。

媒体中心多级技术平台综合考虑各种业务需求，统一规划设计基础计算、存储、网络资源，并根据需要进行分配，实现资源集中使用和维护，提高资源利用效率，实现灵活扩展。

在服务部署方面，媒体中心多级技术平台遵循业务发展运营规律：公有云平台面向媒体业务与新媒体业务融合，将聚合采集、大数据挖掘分析、简易编辑工具、新媒体制作分发等与互联网密切相关的服务部署到公有云平台。传统的内容创作服务和高安全性服务，例如，视频合成编辑、音频制作、调色、节目打包等都部署在私有云平台上。同时，云平台将高安全区拓展到融合服务的安全领域，成为私有云的重要组成部分，为县级综合媒体中心业务、新媒体内容制作运营、办公 OA 业务提供高安全性、可扩展性的技术平台和业务应用。

15.4　融合媒体应用趋势分析

融合媒体平台将加速新技术的应用，融合新技术是融合媒体成功的关键。在当前信息爆炸的时代，融合媒体正面临信息技术难题的挑战。为适应相关发展和需求，融合媒体平台建设应抓住 5G 网络技术，进一步探索 5G 网络下的新闻采集和媒体转播。融合媒体也要加强人工智能方向的开发和应用，包括使用智能拍摄设备、智能编辑设备、智慧平台等技术，实现融合媒体与人工智能技术创新的深度融合。合理利用全景 VR、智能音响、3D 等技术，实现融合媒体信息的可视化，提升传播信息的感知。融合媒体企业也要在观念上进一步突破，打破传统媒体传播思维，主动运用人工智能、云平台、大数据等技术，改变媒体采集与传播方式，实现多媒体的融合与互动。